U0123982

爱读书 读好书 善读书

『三读』丛书　中共浙江省委宣传部　编

开卷有益

宋韵文化之经济

浙江人民出版社

出版说明

习近平总书记强调："在新时代坚持和发展中国特色社会主义,要求全党来一个大学习。"党的十九大提出了建设马克思主义学习型政党,推动建设学习大国的重要战略任务。根据"领导干部要爱读书读好书善读书"的要求,我们组织专家学者编撰《"三读"丛书·开卷有益》,作为各级党员领导干部提高理论修养、陶冶情操、增强人文底蕴的"口袋读本"。

宋韵文化是中华优秀传统文化的重要组成部分,是具有中国气派和浙江辨识度的重要文化标识。本丛书从制度、经济、思想、文学艺术、教育、科技、建筑和百姓生活八个方面,分为概述、名篇、解读、风物四大板块,通过解码宋韵文化,助力打造浙江历史文化金名片。

编　者

2021 年 12 月

目 录

概述

名篇

解读

风物

概述

宋韵文化之经济概述

宋韵文化之经济概述

南宋时期，北方人口大量南下，给南宋的经济发展带来了充足的劳动力、先进的生产技术和丰富的生产经验，再加上统治者出台的一些积极措施，南宋在农业、手工业、商业、外贸等方面都取得了突出成就。2007年12月22日，我国南宋时期商船"南海一号"在广东阳江海域打捞出水，举世瞩目。根据探测情况估计，整船金、银、铜、铁、瓷器等文物可能达到6万—8万件，据说皆为稀世珍宝。迄今为止，全世界范围内都未曾发现过如此巨大的千年古船。"南海一号"的发现，在世界航海史上堪称一大奇迹，也填补了南宋海上"丝绸之路"历史的一些空白。这艘沉船虽然出现在广东海域，但反映了整个南宋经济、文化的繁荣，标志着南宋社会的开放，也表明当时南宋引领着世界的发展。

一、从农业生产看，南宋出现了中国古代南粮北调的新格局

南宋政府十分注重水利的兴修，并采取鼓励垦荒的措施，加上北方人口的大量南移和广大农民的辛勤劳动，促进了流民复业和荒地开垦。人稠地少的两浙等平原地带，垦辟了众多的水田、圩田、梯田。曾经"几无人迹"的淮南地区也出现了"田野加辟""阡陌相望"的繁荣景象。宋朝农作物单位面积产量相当惊人。据蒙文通先生考证，唐代时平均每亩产量约1.5石，比汉代时高50%，而宋代时平均每亩产量约2石，比唐代时高约30%。宋代经济作物无论是茶叶、棉花、甘蔗还是蚕桑，产量均高于唐代。生产分工也很细，主要表现在经济作物上，比如宋代的茶叶生产，在秦岭两淮以南的地区出现了以专门种植和加工茶叶为生的园户，而且产量颇丰。农产品种类也有明显增多的迹象。宋朝对传统农作物也是大为推广，尤其是小麦在南方的推广尤为显著。在北宋，淮河流域、黄河流域也对水稻进行了推广。同时，也普遍推广了棉花种植。

宋金对峙时期，北方人民大量南迁，他们和南

方人民共同劳动,促进南方经济发展,完成了我国经济重心的南移。南方的农业生产超过北方,水稻成为南宋第一位的粮食作物。太湖流域的苏州、湖州,稻米生产居全国前列,有"苏湖熟,天下足"的谚语。江浙行省虽然只是元朝十个行省中的一个,岁粮收入却占了全国的37.10%,江浙地区成为中国农业最为发达的地区,并出现了中国古代南粮北调的新格局。

二、从手工业生产看,南宋达到了中国古代手工业发展的新高峰

南宋时期,随着北方手工业者的大批南下和先进生产技术的传入,南方的手工业生产上了一个新台阶。

第一,纺织业规模和技术都大大超过了同时代的金朝,南方自此成为中国丝织业最发达的地区。当时棉纺织业最发达的地区是雷州(今广东雷州)、化州(今广东化州)、廉州(今广西合浦)等。棉纺织有弹花、纺纱、织布等多种工序,纺织工具有铁杖、弹弓、纺车、织机等。海南岛黎族人民已能用织机生产用彩线交织成花纹的棉布,行销两广。丝织业也

有进步。南宋在今浙江、江苏、四川等地设有官办丝织作坊，叫作"织锦院"，各有织机数百台、工匠数千人，规模很大，有较细的分工，产品精美华贵。著名的缂丝工艺也由北方传到南方。

第二，瓷器制造业中心从北方移至江南地区。比如，临安凤凰山下的官窑，产品精美，为时人珍爱。余姚（今属浙江）的秘色瓷仿汴京遗制，也称"官窑制品"，极受欢迎。北宋时已很有名的哥窑和弟窑（又名"龙泉窑"）在南宋时所制瓷器又有进步，青瓷上带有碎纹，称"百圾碎"。江西景德镇的制瓷业更有发展，窑区从市内扩大到郊外数十里处，有官、私窑300余座。制瓷技术吸收各地名窑特长，瓷器以"影青"最著名，质量和工艺水平在全国名列前茅。另外，福建的建窑、德化窑也很有名，产品多销往海外。

第三，造船业空前发展。南宋的主要统治区属于水乡，交通运输多用船只，所以造船业很发达。所造船只有海船，有内河船。主要造船基地有临安、建康（今江苏南京）、平江、扬州、湖州（今属浙江）、温州、明州（今浙江宁波）、泉州、广州、潭州、衡州、赣州等。这些地方都设有官办造船工场，能造大型船只。广州制造的"广舶"可"浮南海而南,舟如巨室,帆若垂天之云,舵长数丈,一舟数百人,中积一年粮"。海船所采用的多根桅杆,为前代所无;战船种类众多,功用齐全,在抗金和抗蒙元的战争中发挥了重要作用。

三、从商业发展看,南宋开创了中国古代商品经济发展的新时代

虽然宋代主导性的经济仍然是自然经济,但由于两宋时期冲破了历朝统治者奉行的"重农抑商"观念的束缚,确立了"农商并重"的国策,采取了惠商、恤商的政策、措施,社会各阶层纷纷从事商业经营,商品经济呈现出划时代的发展变化,进入了一个新的历史发展阶段。

第一,四通八达的商业网络。临安是全国商业最为繁华的城市。城内、城外集市与商行遍布,天街两侧商铺林立,早市、夜市通宵达旦;城北运河樯橹相接、昼夜不歇;城南钱江两岸各地商贾海舶云集、桅杆林立。随着商品贸易的发展,出现了临安、建康、成都等全国性的著名商业大都市,当时的临安人口已达16万户,最多时有150万—160万人,同时

还出现了50多个10万户以上的商业大城市,并涌现出一大批草市、墟市等定期集市和商业集镇,形成了"中心城市—市镇集市—边境贸易—海外市场"的通达商业网络。

第二,"市坊合一"的商业格局。两宋时期,由于城市商业繁荣,冲破了长期以来作为商业贸易区的"市"与作为居民住宅区的"坊"分离的封闭式坊市制度,出现了住宅与店肆混合的"市坊合一"的商业格局,街坊商家店铺林立,酒肆茶楼面街而立。从《梦粱录》和《武林旧事》的记载来看,南宋临安城内商业繁荣,甚至出现了夜市刚刚结束、早市又告兴起的繁荣景象。两宋都城开封和临安是当时行业组织最发达的地区,仅《西湖老人繁胜录》中的"诸行市"条就载有175种行名。其中,经营各种贸易的商人团体有:银行、销金行、方梳行、冠子行、纱绢行、处布行、麻布行、帽行、茶行、鱼行、果子行、花行、竹行、鸡行、箩行、书籍行、纱市、谷市、川广生药市、象牙玳瑁市、丝绵市、生帛市、枕冠市、故衣市、衣绢市、花朵市、肉市、米市以及花团、青果团、柑子团、鲞团等。

第三,规模庞大的商品交易。南宋商品的交易量虽难考证,但从商税收入可窥见一斑。宋孝宗淳熙(1174—1189)末年,全国正赋收入6530万缗,占全国总收入的30%以上。据此推测,南宋商品交易额在20000万缗以上,可见商品交易量之巨大。南宋商税加专卖收益超过农业税的收入,改变了宋以前历代王朝农业税赋占主要地位的局面。同时,随着商品经济的发展,北宋中期,官府发行了世界上最早的初步具有信用货币性质的纸币——"交子",它标志着实物经济的终结和货币经济的开始,在世界金融史和文明史上占有特殊的地位。至南宋时,纸币开始在全国普遍使用。有学者将纸币的产生与大规模的流通称为"金融革命"。纸币流通的意义远在金属铸币之上,表明我国在货币领域的发展已走在世界前列。此时西欧国家使用的仍是金圆、银圆等贵金属货币,西方最早的纸币——英格兰银行券,晚于两宋纸币六七百年才出现。

四、从海外贸易看,南宋开辟了古代东西方交流的新纪元

两宋期间,由于陆上"丝绸之路"被隔断,东南方向海路成为对外贸易的唯一通道,海外贸易成为

中外经济文化交流的主要渠道。南宋海外贸易繁荣表现在：

第一，对外贸易港口众多。广州、泉州、临安、明州等大型海港相继兴起，与外洋通商的港口已近20个，还兴起了一大批港口城镇，形成了北起淮南、东海，中经杭州湾和福漳泉金三角，南到广州湾和琼州海峡的南宋万余里海岸线上全面开放的新格局，这种盛况不仅唐代未见，就是明清时亦未能再现。

2021年7月，"泉州：宋元中国的世界海洋商贸中心"项目在第44届世界遗产大会上顺利通过审议，被列入《世界遗产名录》，成为中国第56处世界遗产。宋时泉州与国外往来的有70余个国家和地区，海外交通畅达东、西二洋，东至日本，南通南海诸国，西达波斯、阿拉伯和东非等地。进口商品主要是香料和药物，出口商品则以丝绸、瓷器为大宗。宋元祐二年（1087），泉州设立市舶司，嗣后又设来远驿，以接待贡使和外商。为鼓励海外交通贸易，宋代的泉州市舶司和地方官员，每当海舶入港或出航的季节，特为中外商人举行"祈风"或"祭海"活动，以祝海舶顺风安全行驶。意大利旅行家马可·波罗在其游记中感慨万分地写道："刺桐是世界上最大的港口之一,大批商人云集这里,货物堆积如山,的确难以想象。"他还把泉州港和当时世界上最大的港口——亚历山大港相提并论。

第二,贸易范围大为扩展。随着南宋海外贸易的发展,与我国通商的海外国家和地区从宋前的20余个增至60个以上,海外贸易范围从宋前中南半岛和印尼群岛,扩大到西洋(印度洋至红海)、波斯湾、地中海和东非海岸,使雄踞于太平洋西岸的南宋帝国与印度洋北岸的阿拉伯帝国一起构成了当时世界贸易圈的两大轴心。海上"丝绸之路"取代了陆上"丝绸之路",成为中外经济文化交流的主要通道。鉴于此,美籍学者马润潮把宋代视为"世界伟大海洋贸易史上的第一个时期"。

宋代不但外贸范围扩大、出口商品数量增加,而且进口商品以原材料与初级制品为主,出口商品则以手工业制成品为主,附加值高。进出口商品主要是金银、缗线、铅、锡、杂色帛、瓷器、香药、犀(角)象(牙)、珊瑚、琥珀、珠玑、镔铁等。而丝绸与陶瓷的外销量最大,因此,海上贸易又被称为海上"丝绸之路"、海上"陶瓷之路"。宋代每年所铸的数百万贯铜钱,亦因之流向周边国家或地区,几乎成为"国际货币"。

对外贸易高度发达,海外贸易盛况空前,出口、消费和投资成为宋代经济繁荣的"三驾马车"。据《通典》卷六记载,唐代天宝年间(742—756),每年的财政税收约为 200 万贯,而北宋初期则达 1600 万贯,北宋神宗熙宁年间(1068—1077)和南宋高宗绍兴二十七年(1157)为 6000 万贯,宋孝宗淳熙十四年(1187)达 8000 万贯。事实上,据学者研究,宋朝年财政收入最高曾达到12000万贯,即使是失去了半壁江山的南宋,常年财政收入也是高达10000万贯。此后的元、明、清三代,显然无法与宋朝相比肩。

南宋促成了中国经济重心的南移。随着宋室南下,南宋经济的发展与繁荣使江南成为全国经济最为发达的地区。南宋时期,全国经济重心完成了由黄河流域向长江流域的历史性转移,我国经济形态自此逐渐从自然经济转向商品经济,从封闭经济转向开放经济,从内陆型经济转向海陆型经济,这是中国传统社会发展中具有路标性意义的重大转折。

爱读书
读好书
善读书

名篇

望海潮·东南形胜*

■〔宋〕柳 永

东南形胜，三吴都会，钱塘自古繁华。烟柳画桥，风帘翠幕，参差十万人家。云树绕堤沙，怒涛卷霜雪，天堑无涯。市列珠玑，户盈罗绮，竞豪奢。

重湖叠巘清嘉。有三秋桂子，十里荷花。羌管弄晴，菱歌泛夜，嬉嬉钓叟莲娃。千骑拥高牙。乘醉听箫鼓，吟赏烟霞。异日图将好景，归去凤池夸。

【作者简介】

柳永（约987年至约1053年），原名三变，字景庄，后改名永，字耆卿，因排行第七，又称柳七，北宋词人，婉约派代表人物。主要作品有《雨霖铃·寒蝉凄切》《蝶恋花·伫倚危楼风细细》《少年游·长安古道马迟迟》等。

---

*选自上海古籍出版社编，凌枫等注释、解析：《宋词三百首》，上海古籍出版社2015年版，第25页。

【内容简介】

这首词歌颂了杭州山水的美丽景色，赞美了杭州人民和平安定的欢乐生活，反映了当时繁荣太平的景象。

开篇三句，气势宏大，"形胜""繁华"四字为点睛之笔。"烟柳画桥"，写街巷小桥的美丽；"风帘翠幕"，写居民住宅的雅致。"参差十万人家"一句，突出人口之多，表现出整个都市的富庶与安定。"云树"三句，由市内转到郊外。"市列"三句，只抓住"珠玑"和"罗绮"两个细节，便把市场的繁荣、市民的富足表现了出来。"竞豪奢"三字将人人比富、户户斗阔的情状反映出来。

"重湖"以下三句，重点描写西湖。先用"清嘉"二字概括湖、山的清秀美丽，接下来写山上桂花飘香、湖中荷花绵延。接着，将笔调转向百姓的生活之乐。湖中羌管、菱歌日夜飘荡，采莲姑娘、垂钓渔翁穿梭其上，其乐融融。"千骑"以下，写达官贵人的游乐。成群的马队簇拥着高高的牙旗，缓缓而来，一派煊赫声势。他们宴饮湖上，饮酒赏乐，啸傲于山水之间。

送祝熙载之东阳主簿*

■〔宋〕欧阳修

吴江通海浦，画舸候潮归。

叠鼓山间响，高帆鸟外飞。

孤城秋枕水，千室夜鸣机。

试问远家客，辽东今是非？

【作者简介】

欧阳修（1007—1072），字永叔，号醉翁，晚号六一居士，北宋文学家、史学家。宋代文学史上最早开创一代文风的文坛领袖，"唐宋八大家"之一，与韩愈、柳宗元、苏轼被后人合称"千古文章四大家"。作品有《醉翁亭记》《蝶恋花·庭院深深深几许》等。

---

*选自邵丽鸥主编：《中华古诗文——欧阳修》，北方妇女儿童出版社2013年版，第74页。

【内容简介】

在宋代,丝绸等纺织品是仅次于瓷器的出口品,每年都有巨大的外销量。外销所需除蜀锦等少数内地产品外,主要由东南沿海地区供给,因而促进了东南沿海纺织业的更大发展。两浙路历来都是全国纺织业中心之一,在海外贸易的纺织品外销中久占鳌头,在宋代依然如此。在这一带,民营纺织业大兴。

这首诗描述了浙东一带的民间纺织盛况。从"孤城秋枕水,千室夜鸣机"可见民间丝绸纺织业的发展盛况。宋朝民间机户的力量不断增强,民间机户和机坊生产的丝绸数量非常大,政府每年都要向民间征购巨额丝绸。与此同时,宋代的海上丝绸贸易也有了长足发展,生丝与丝绸等通过海上"丝绸之路"源源不断地输往世界各地。

名篇

■

送祝熙载之东阳主簿

阜通阁*

■〔宋〕李　光

危阁峥嵘枕碧流,筹心计虑匪人谋。

千帆不隔云中树,万货来从徼外舟。

富国要先除国蠹,利民须急去民螽。

使君不日归华近,要路翱翔遍十州。

【作者简介】

李光(1078—1159),字泰发(定),号转物老人,南宋文学家、词人,与李纲、赵鼎、胡铨并称"南宋四大名臣"。著有《椒亭小集》《庄简集》等。

【内容简介】

这首诗赞扬琼州太守郑元寿在琼州疏浚河流、发展贸易、繁荣商业的功绩。

---

*选自黄雨选注:《历代名人入粤诗选》,广东人民出版社1980年版,第218页。

诗中描绘海南与海外通商的情景，以"万货来从徼外舟"赞扬海外贸易的繁荣，表明外国商船停泊海南已呈繁荣局面。

名篇
■
阜通阁

欢喜口号*

■〔宋〕黄彦平

蜀茶互市入西番，番马来嘶渭水寒。

为报尧峰呈少保，径招属户会长安。

【作者简介】

黄彦平，生卒年不详，字季岑，号次山。黄庭坚族子。北宋徽宗宣和年间进士。南渡后数上札子论事，多所建白，其论赏罚一疏，持论尤为平允。有《三余集》。

【内容简介】

这首诗记录了"蜀茶"与"番马"的互市。"蜀茶"是指蜀地名茶；"番马"是指西北少数民族地区的彪悍骏马。西北少数民族已经将茶叶由奢侈品普及为

---

　　* 选自张家坤主编：《寄与爱茶人——历代咏茶诗词集》，福建美术出版社2008年版，第61页。

日常生活必需品,其对内地所产茶叶的需求和依赖与日俱增。他们经常驱赶着马群到边市,与汉族商人换取茶叶,或者直接向朝廷贡马,渴望回赐茶叶,由此开启了蜀道经济带茶马、茶盐贸易的先河,形成了宏大的商品流通潮。

名篇

欢喜口号

东京梦华录·序[*]

■〔宋〕孟元老

　　仆从先人宦游南北，崇宁癸未到京师，卜居于州西金梁桥西夹道之南。渐次长立，正当辇毂之下，太平日久，人物繁阜，垂髫之童，但习鼓舞，斑白之老，不识干戈，时节相次，各有观赏。灯宵月夕，雪际花时，乞巧登高，教池游苑。举目则青楼画阁，绣户珠帘，雕车竞驻于天街，宝马争驰于御路，金翠耀目，罗绮飘香。新声巧笑于柳陌花衢，按管调弦于茶坊酒肆。八荒争凑，万国咸通。集四海之珍奇，皆归市易；会寰区之异味，悉在庖厨。花光满路，何限春游，箫鼓喧空，几家夜宴。伎巧则惊人耳目，侈奢则长人精神。瞻天表则元夕教池，拜郊孟享。频观公主下降，皇子纳妃。修造则创建明堂，冶铸则立成鼎鼐。观妓籍则府曹衙罢，内省宴回；看变化则举子唱

　　*选自王莹译注：《东京梦华录译注》，上海三联书店2018年版，第1—2页。

名，武人换授。仆数十年烂赏叠游，莫知厌足。一旦兵火，靖康丙午之明年，出京南来，避地江左，情绪牢落，渐入桑榆。暗想当年，节物风流，人情和美，但成怅恨。近与亲戚会面，谈及曩昔，后生往往妄生不然。仆恐浸久，论其风俗者，失于事实，诚为可惜，谨省记编次成集，庶几开卷得睹当时之盛。古人有梦游华胥之国，其乐无涯者，仆今追念，回首怅然，岂非华胥之梦觉哉！目之曰《梦华录》。然以京师之浩穰，及有未尝经从处，得之于人，不无遗阙。倘遇乡党宿德，补缀周备，不胜幸甚。此录语言鄙俚，不以文饰者，盖欲上下通晓尔。观者幸详焉。绍兴丁卯岁除日幽兰居士孟元老序。

【作者简介】

孟元老，生卒年不详，号幽兰居士，宋代文学家。曾任开封府仪曹，北宋末叶在东京居住20多年。金灭北宋，孟元老南渡，常忆东京之繁华，于南宋绍兴十七年(1147)撰成《东京梦华录》，自作序。该书在中国文学史上有一定的影响。

【内容简介】

《东京梦华录》一书,所记大多是宋徽宗崇宁到宣和年间(1102—1125)北宋都城东京的情况,其最大的价值在于它俨然是北宋强盛时期的浮世绘与风情画,与张择端的《清明上河图》可谓相得益彰。该著作具体生动地反映了北宋时期社会生活的现实,为我们描绘了这一历史时期居住在东京的上至王公贵族、下及庶民百姓的日常生活场景,是研究北宋都市社会生活、经济文化的极其重要的历史文献,对这一历史时期的民风、民俗、文化娱乐、商业、餐饮业、手工业等方面的真实情况进行分门别类的记载。该书叙述入微,妙趣横生,包罗万象,无奇不有,反映出宋代发达的经济和繁荣的城市生活。

插秧歌*

■〔宋〕杨万里

田夫抛秧田妇接，小儿拔秧大儿插。
笠是兜鍪蓑是甲，雨从头上湿到胛。
唤渠朝餐歇半霎，低头折腰只不答。
秧根未牢莳未匝，照管鹅儿与雏鸭。

【作者简介】

杨万里（1127—1206），字廷秀，号诚斋，南宋文学家，与陆游、尤袤、范成大并称为南宋"中兴四大诗人"。代表作有《插秧歌》《竹枝词》《小池》《浯溪赋》《海鳅赋》等。

【内容简介】

这首诗一开始就表现了插秧时繁忙的情景。第

＊选自徐中玉编著：《唐宋诗》，上海人民出版社2017年版，第107页。

三、第四句写天公不作美，插秧的农家夫妇只好戴上斗笠，披上蓑衣，但上半身还是被雨水淋湿了。这里别出心裁地将斗笠和蓑衣比作头盔和铁甲，不但表现了插秧的辛苦，还表现了插秧对于农家的收成来说，关系重大。紧接着的两句用对话的形式，进一步表现出农家的勤劳和艰辛。农妇呼唤农夫小憩片刻，把早饭吃了，但农夫还是手脚不停地在忙着插秧，头也不抬一下。这里的"只不答"可以看作农夫回绝了农妇的提议。最后两句则是农夫回绝的原因：秧苗刚种下去，秧根还没扎稳，所以不能离开。朴实的对话表现了农夫不敢稍有懈怠。

这首诗逼真又自然地表现了现实生活中的劳动场面，把农间插秧时的紧张、辛劳表现得淋漓尽致。以轻松的笔调，写出了农家春忙时节劳动的欢乐，称得上一曲劳动乐歌。

财计门*

■〔宋〕周去非

    自元丰间,广西帅司置干办公事一员于邕州,专切提举左右江峒丁,同措置买马。绍兴三年,置提举买马司于邕。六年,令帅臣兼领。今邕州守臣提点买马经干一员,置廨于邕者不废也,实掌买马之财,其下则左右江二提举。东提举掌等量蛮马兼收买马印;西提举掌入蛮界招马。有同巡检一员亦驻扎横山寨侯安抚,上边则率甲兵先往境上警护。诸蕃入界有知寨、主簿、都监三员同主管买马钱物。产马之国曰大理,自杞、特磨、罗殿、毗那、罗孔、谢蕃、膝蕃等。每冬以马叩边,买马司先招马官赉锦缯赐之。马将入境,西提举出境招之,同巡检率甲士往境上护之。既入境,自泗城州行六日至横山寨。邕守与经干盛备以往,与之互市。蛮幕谯门而坐,不与蛮接也。

*节选自周去非著、屠友祥校注:《岭外代答》,上海远东出版社1996年版,第100—103页。原文有删减,编者注。

东提举乃与蛮首坐于庭上，群蛮与吾六校博易，等于庭下。朝廷岁拨本路上供钱、经制钱、盐钞钱及廉州石康盐，成都府锦。副经略司为市马之费，经司以诸色钱买银及回易他州金、锦、彩帛，尽往博易。以马之高下，视银之轻重，盐、锦、彩、缯，以银定价。岁额一千五百匹，分为三十纲，赴行在所。绍兴二十七年，令马纲分往江上诸军。后乞添纲，令元额之外，凡添买三十一纲，盖买三千五百匹矣。此外又择其权奇以入内厩，不下十纲，马政之要，大略见此。

⋯⋯⋯⋯⋯⋯

蛮马之来，他货亦至。蛮之所赍麝香、胡羊、长鸣鸡、披毡、云南刀及诸药物。吾商所贡锦、缯、豹皮、文书及诸奇巧之物。于是，译者平价交市，招马乃私置场于家，尽揽蛮市而轻其征。其入官场者，什才一二耳。隆兴甲申，胜□（广字头，下乔字，高屋的意思）子昭为邕守，有智数，多遣逻卒于私路口缴截商人越州，轻其税而留其货，为之品定诸货之价，列贾区于官场。至开场之日，群商请货于官，依官所定价与蛮互市，不许减价先售，悉驱译者导蛮咨买。遇夜，则次日再市。其有不售，许执，复监官减价博易。诸商之事既毕，官乃抽解并收税钱。赏信罚必，官吏不敢乞取，商亦无他縻费，且无肖禁之险。时邕州宽裕，而人皆便之。

【作者简介】

周去非（1134—1189），字直夫。曾受教于理学大师张栻。宋隆兴元年（1163）进士。淳熙五年（1178），参考范成大《桂海虞衡志》，著成《岭外代答》。后仕至绍兴府通判。

【内容简介】

岭外，也称岭表、岭南，主要指今广东、广西，兼及南海、西番诸国。《岭外代答》共十卷：卷一为地理、边帅，卷二、卷三为外国、兵丁，卷四为风土、法制，卷五为财计，卷六为器用、服用、食用，卷七为香、乐器、宝货、金石，卷八为花木，卷九为禽兽，卷十为虫鱼、古迹、蛮俗、志异，共294条。

《岭外代答》记载了宋代岭南地区的社会经济、少数民族的生活风俗，以及物产资源、山川、古迹等情况。其中，财计门记载了当时岭南地区的财政、商业等情况，并附有统计数字，这些都保留了许多正史中未备的社会经济史料。

名篇■财计门

青玉案·元夕*

■〔宋〕辛弃疾

　　东风夜放花千树,更吹落,星如雨。宝马雕车香满路。凤箫声动,玉壶光转,一夜鱼龙舞。

　　蛾儿雪柳黄金缕,笑语盈盈暗香去。众里寻他千百度,蓦然回首,那人却在,灯火阑珊处。

【作者简介】

　　辛弃疾(1140—1207),别号稼轩,南宋将领、文学家,豪放派词人,有"词中之龙"之称。主要作品有《摸鱼儿·更能消几番风雨》《水龙吟·登建康赏心亭》《永遇乐·京口北固亭怀古》等。

【内容简介】

　　此词极力渲染元宵节观灯的盛况。先写灯火辉

　　*选自夏承焘:《唐宋词欣赏》,浙江古籍出版社2012年版,第146页。

煌、歌舞腾欢的热闹场面。花千树，星如雨，玉壶转，鱼龙舞。满城张灯结彩，盛况空前。接着写游人车马彻夜游赏的欢乐景象。观灯的人有的乘坐香车宝马而来，也有头插蛾儿、雪柳的女子结伴而来。

东风还未催开百花，却先吹放了元宵节的火树银花。"花千树"描绘五光十色的彩灯缀满街巷，好像一夜之间被春风吹开的千树繁花一样。然后写车马、鼓乐、灯月交辉的人间仙境——"玉壶"，写那民间艺人们载歌载舞的"社火"百戏，极为繁华热闹，令人目不暇接。

名篇

青玉案·元夕

织妇叹*

■〔宋〕戴复古

春蚕成丝复成绢，养得夏蚕重剥茧。

绢未脱轴拟输官，丝未落车图赎典。

一春一夏为蚕忙，织妇布衣仍布裳。

有布得着犹自可，今年无麻愁杀我。

【作者简介】

戴复古（1167年至约1248年），字式之，自号石屏、石屏樵隐，南宋著名江湖诗派诗人。曾从陆游学诗，作品受晚唐诗风影响，兼具江西诗派风格。晚年总结诗歌创作经验，以诗体写成《论诗十绝》。著有《石屏诗集》《石屏词》《石屏新语》等。

* 选自施亚、王美春主编：《历代纺织诗解析》，中国文史出版社2004年版，第139页。

【内容简介】

南宋统治者不理朝政，不顾社稷，过着奢侈糜烂的生活。劳动人民则被繁重的赋税逼迫，生活拮据，难以为继。

这首诗从一个侧面真切地反映了当时的社会现实。"春蚕"两句，写织妇养蚕、剥茧、抽丝、织绢，以"夏"与"春"字对举，以"重"与"复"字相照应，突出织妇之勤。"绢未"两句，写织妇的心理活动，突出织妇之贫，曲笔反映官府催税之早、之急。"一春"四句，进一步反映织妇贫困的生活。织妇一春一夏忙于养蚕、织绢，到头来却自着布衣裳，可"今年无麻"织布，只怕连布衣也穿不上了。深沉的诗句，抒发了织妇心中的愁情，表明织妇的生活每况愈下。

名篇 ■ 织妇叹

西湖游幸（都人游赏）*

■〔宋〕周　密

　　淳熙间，寿皇以天下养，每奉德寿三殿，游幸湖山，御大龙舟。宰执从官，以至大珰应奉诸司，及京府弹压等，各乘大舫，无虑数百。时承平日久，乐与民同，凡游观买卖，皆无所禁。画楫轻舫，旁午如织。至于果蔬、羹酒、关扑、宜男、戏具、闹竿、花篮、画扇、彩旗、糖鱼、粉饵、时花、泥婴等，谓之"湖中土宜"。又有珠翠冠梳、销金彩缎、犀钿、髹漆、织藤、窑器、玩具等物，无不罗列。如先贤堂、三贤堂、四圣观等处最盛。或有以轻桡趁逐求售者。歌妓舞鬟，严妆自炫，以待招呼者，谓之"水仙子"。至于吹弹、舞拍、杂剧、杂扮、撮弄、胜花、泥丸、鼓板、投壶、花弹、蹴鞠、分茶、弄水、踏混木、拨盆、杂艺、散耍、讴唱、息器、教水族飞禽、水傀儡、鬻水道术（宋刻无"水"

　　*选自四水潜夫辑:《武林旧事》，浙江人民出版社1984年版，第37—39页。

字）、烟火、起轮、走线、流星、水爆、风筝，不可指数，总谓之"赶趁人"，盖耳目不暇给焉。御舟四垂珠帘锦幕，悬挂七宝珠翠，龙船、梭子、闹竿、花篮等物。宫姬韶部，俨如神仙，天香浓郁，花柳避妍。小舟时有宣唤赐予，如宋五嫂鱼羹，尝经御赏，人所共趋，遂成富媪。朱静佳六言诗云："柳下白头钓叟，不知生长何年。前度君王游幸，卖鱼收得金钱。"往往修旧京金明池故事，以安太上之心，岂特事游观之美哉。湖上御园，南有聚景、真珠、南屏，北有集芳、延祥、五壶，然亦多幸聚景焉。一日，御舟经断桥，桥旁有小酒肆，颇雅洁，中饰素屏，书《风入松》一词于上，光尧驻目称赏久之，宣问何人所作，乃太学生俞国宝醉笔也。其词云："一春长费买花钱，日日醉湖边。玉骢惯识西泠路（宋刻"湖边路"），骄嘶过，沽酒楼前。红杏香中歌舞，绿杨影里秋千。东风十里丽人天（"东风"宋刻"暖风"），花压鬓云偏。画船载取春归去，余情在（"在"宋刻"付"），湖水湖烟。明日再携残酒（"再"宋刻"重"），来寻陌上花钿。"上笑曰："此词甚好，但末句未免儒酸。"因为改定云："明日重扶残醉"，则迥不同矣。即日命解褐云。

西湖天下景，朝昏晴雨，四序总宜。杭人亦无时而不游,而春游特盛焉。承平时,头船如大绿、间绿、十样锦、百花、宝胜、明玉之类,何翅百余。其次则不计其数,皆华丽雅靓,夸奇竞好。而都人凡缔姻、赛社、会亲、送葬、经会、献神、仕宦、恩赏之经营、禁省台府之嘱托,贵珰要地,大贾豪民,买笑千金,呼卢百万,以至痴儿呆子,密约幽期,无不在焉。日糜金钱,靡有纪极。故杭谚有"销金锅儿"之号,此语不为过也。

都城自过收灯,贵游巨室,皆争先出郊,谓之"探春",至禁烟为最盛。龙舟十余,彩旗叠鼓,交舞曼衍,粲如织锦。内有曾经宣唤者,则锦衣花帽,以自别于众。京尹为立赏格,竞渡争标。内珰贵客,赏犒无算。都人士女,两堤骈集,几于无置足地。水面画楫,栉比如鱼鳞,亦无行舟之路,歌欢箫鼓之声,振动远近,其盛可以想见。若游之次第,则先南而后北,至午则尽入西泠桥里湖,其外几无一舸矣。弁阳老人有词云:"看画船尽入西泠,闲却半湖春色",盖纪实也。既而小泊断桥,千舫骈聚,歌管喧奏,粉黛罗列,最为繁盛。桥上少年郎,竞纵纸鸢,以相勾引,相牵剪截,以线绝者为负,此虽小技,亦有专门。爆仗起轮走线之戏,多设于此,至花影暗而月华生,始

036

渐散去。绛纱笼烛，车马争门，日以为常。张武子诗云："帖帖平湖印晚天，踏歌游女锦相牵（宋刻'游赏'），都城半掩人争路，犹有胡琴落后船。"最能状此景。茂陵在御，略无游幸之事，离宫别馆，不复增修。黄洪诗云："龙舟太半没西湖，此是先皇节俭图。三十六年安静里，棹歌一曲在康衢。"理宗时亦尝制一舟，悉用香楠木抢金为之，亦极华侈，然终于不用。至景定间，周汉国公主得旨，偕驸马都尉杨镇泛湖，一时文物亦盛，仿佛承平之旧，倾城纵观，都人为之罢市。然是时先朝龙舫久已沉没，独有小舟号小乌龙者，以赐杨郡王之故，尚在。其舟平底，有柁，制度简朴。或传此舟每出必有风雨，余尝屡乘，初无此异也。

【作者简介】

周密（1232年至约1298年），字公谨，号草窗，又号霄斋、蘋洲，晚年号弁阳老人、四水潜夫、华不注山人，南宋文学家。著述繁富，留传诗词有《云烟过眼录》《浩然斋雅谈》等。笔记体史学著作有《武林旧事》《齐东野语》《癸辛杂识》等。

【内容简介】

《武林旧事》成书于元至元二十七年（1290）以前，为追忆南宋都城临安城市风貌的著作，全书共十卷。作者按照"词贵乎纪实"的精神，根据耳闻目睹和故书杂记，详述朝廷典礼、山川风俗、市肆经纪、四时节物、教坊乐部等情况，为了解南宋城市经济文化和市民生活以及都城面貌、宫廷礼仪，提供了较丰富的史料。

从选文可知，元宵过后、清明以前的仲春时节，景色明媚，花事方殷，正是公子王孙、五陵年少赏心乐事之时。十多艘龙舟在西湖中交舞而行。皇帝坐在御舟里，御舟上的宫姬漂亮似神仙，宰执从官、大珰应奉诸司都乘着大舫跟随。西湖上的画楫轻舫，旁午如织，鳞次栉比，让湖中没有行船之路。各种小贩乘着小舟追着官家和大户的画舫兜售着各种商品，如果蔬、羹酒、戏具、闹竿、花篮、画扇等特产，珠翠冠梳、销金彩缎、犀钿等物也应有尽有。两岸则市民云集，几乎无法立足。处处欢歌笑语、箫鼓喧天，其盛况可以想见。

乡村四月*

■〔宋〕翁　卷

绿遍山原白满川，子规声里雨如烟。

乡村四月闲人少，才了蚕桑又插田。

【作者简介】

翁卷，生卒年不详，字续古，一字灵舒，南宋诗人。工诗，为"永嘉四灵"之一。有《四岩集》《苇碧轩诗集》。

【内容简介】

山野、平原一派郁郁葱葱，河流泛着粼粼的波光，白茫茫一片；烟雨蒙蒙中，杜鹃的啼鸣依稀可闻。这是一首描写江南农村初夏风光的诗。

前两句写自然之景。"绿"写树木葱郁，"白"写

---

*选自喻朝刚、王士博、徐翰逢：《宋代文学作品选》，吉林人民出版社1981年版，第206页。

水光一色,句中不见树和水,"绿遍""白满"却已让人领略到那铺天盖地的山光水色。次句写雨,用"子规声"烘托雨的润物无声,暗含生机。

第三、第四句写农忙景象,"闲人少"是总括,第四句具体写农忙事务。

山光水色与乡村农事相辅相成,构成一幅和谐的田园风光图景。

都城纪胜·序*

■〔宋〕耐得翁

　　圣朝祖宗开国，就都于汴，而风俗典礼，四方仰之为师。自高宗皇帝驻跸于杭，而杭山水明秀，民物康阜，视京师其过十倍矣。虽市肆与京师相侔，然中兴已百余年，列圣相承，太平日久，前后经营至矣，辐辏集矣，其与中兴时又过十数倍也。且《洛阳名园记》后论有云，园囿之兴废者，洛阳盛衰之候也。况中兴行都，东南之盛，为今日四方之标准；车书混一，人物繁盛，风俗绳厚，市井骈集，岂昔日洛阳名园之比？仆遭遇明时，寓游京国，目睹耳闻，殆非一日，不得不为之集录。其已于图经志书所载者，便不重举。此虽不足以形容太平气象之万一，亦仿佛《名园记》之遗意焉；但纪其实不择其语，独此为愧尔。

---

　　*选自孟元老等：《东京梦华录　都城纪胜　西湖老人繁胜录　梦粱录　武林旧事》，中国商业出版社1982年版，第79页。

时宋端平乙未元日,寓灌圃耐得翁序。

【作者简介】

耐得翁,生卒年不详,姓赵,当为南宋宁宗、理宗时人,其身世事迹无考。曾寓游都城临安,根据耳闻目睹的材料,于南宋理宗端平二年(1235)写成《都城纪胜》。

【内容简介】

《都城纪胜》内分市井、诸行、酒肆、食店、茶坊、四司六局、瓦舍众伎、社会、园苑等14门,记载临安的街坊、店铺、塌坊、学校、寺观、名园、教坊、杂戏等。

从选文可知,宋朝祖宗开国,建都于汴京,其风俗和各种制度礼仪,四方崇仰。自高宗皇帝定都杭州,而杭州山明水秀,人民安乐,物产富庶,要超过汴京十倍。虽然杭州市集瓦肆的规制与汴京相同,但当时中兴之世已过百余年,历代圣君承继大业,太平已久,前后经营,以致天下珍品汇集于此,其盛景又要超过中兴时十数倍。杭州是中兴之行都、东南之形盛,为当时四方之标准;天下一统,人物繁盛,风俗淳厚,市井骈集。

木棉诗*

■〔宋〕艾可叔

收来老茧倍三春，匹似真棉白一分。
车转轻雷秋纺雪，弓弯半月夜弹云。
衣裘卒岁吟翁暖，机杼终年织妇勤。
闻得上方存节俭，区区欲献野人芹。

【作者简介】

艾可叔，生卒年不详，字无可，号臞山，南宋诗人。与弟蕙山、弧山并称"三艾先生"。著有《文江讲艺集》《臞山集》《钩玄篇》等诗文集，惜皆不传。《江西诗征》收录其诗作《金陵晚眺》《樟镇夜泊》等12首。

*选自王美春、郭志明：《古代类诗漫话》，陕西人民出版社1996年版，第172页。

【内容简介】

这首诗描绘江南一带的平民种植棉花、弹花纺纱织布的劳动生活，真切生动，颇有韵致。诗中"车转"两句摹写弹花纺纱的情景尤为出色。"车转轻雷秋纺雪"，写纺纱，以"轻雷"和"雪"分别比喻纺车纺纱时发出的声响和所纺木棉花的洁白，取喻贴切生动。其间，一状声，一绘色，分别著一"转"与"纺"字，极具动态美。"弓弯半月夜弹云"，写弹花，以"半月"比喻"弓弯"，描绘弹弓的形状，形象逼真，信手拈来，天然去雕饰，继之以"夜弹云"，则更觉造语新妙，想象奇特，整个弹花的画面动了、活了。

从此诗中可见，我国江南一带至少在南宋末年就已种植棉花、弹花纺纱织布了，纺织工具也已发展为纺车、弹弓等。

夜　市*

■〔宋〕吴自牧

　　杭城大街，买卖昼夜不绝，夜交三四鼓，游人始稀；五鼓钟鸣，卖早市者又开店矣。大街关扑，如糖蜜糕、灌藕、时新果子、象生花果、鱼鲜猪羊蹄肉，及细画绢扇、细色纸扇、漏尘扇柄、异色影花扇、销金裙、缎背心、缎小儿、销金帽儿、逍遥巾、四时玩具、沙戏儿。春冬扑卖玉栅小球灯、奇巧玉栅屏风、捧灯球、快行胡女儿沙戏、走马灯、闹蛾儿、玉梅花、元子槌拍、金橘数珠、糖水、鱼龙船儿、梭球、香鼓儿等物。夏秋多扑青纱、黄草帐子、挑金纱、异巧香袋儿、木犀香数珠、梧桐数珠、藏香、细扇、茉莉盛盆儿、带朵茉莉花朵、挑纱荷花、满池娇、背心儿、细巧笼仗、促织笼儿、金桃、陈公梨、炒栗子、诸般果子及四时景物，预行扑卖，以为赏心乐事之需耳。衣市有李济

---

　　* 选自吴自牧：《梦粱录》，浙江人民出版社1984年版，第119—120页。

卖酸文，崔官人相字摊，梅竹扇面儿，张人画山水扇。并在五间楼前大街坐铺中瓦前，有带三朵花点茶婆婆，敲响盏，掇头儿拍板，大街游人看了，无不哂笑。又有虾须卖糖，福公个背张婆卖糖，洪进唱曲儿卖糖。又有担水斛儿，内鱼龟顶傀儡面儿舞卖糖。有白须老儿看亲箭掑闹盘卖糖。有标竿十样卖糖，效学京师古本十般糖。赏新楼前仙姑卖食药。又有经纪人担瑜石钉铰金装架儿，共十架，在孝仁坊红权子卖皂儿膏、澄沙团子、乳糖浇。寿安坊卖十色沙团。众安桥卖澄沙膏、十色花花糖。市西坊卖蚫螺滴酥，观桥大街卖豆儿糕、轻饧。太子坊卖麝香糖、蜜糕、金铤裹蒸儿。庙巷口卖杨梅糖、杏仁膏、薄荷膏、十般膏子糖。内前权子里卖五色法豆，使五色纸袋儿盛之。通江桥卖雪泡豆儿、水荔枝膏。中瓦子前卖十色糖。更有瑜石车子卖糖靡乳糕浇，亦俱曾经宣唤，皆效京师叫声。日市亦买卖。又有夜市物件，中瓦前车子卖香茶异汤，狮子巷口煎耍鱼，罐里爊鸡丝粉，七宝科头，中瓦子武林园前煎白肠、炸肠、灌肺岭卖轻饧，五间楼前卖余甘子、新荔枝，木檐市西坊卖焦酸馅、千层儿，又有沿街头盘叫卖姜豉、膘皮胲子、炙椒、酸豉儿、羊脂韭饼、糟羊蹄、糟蟹，又有担架子卖香辣灌肺、香辣素粉羹、腊肉、细粉科头、姜虾、海蜇鲊、清汁田螺羹、羊血汤、糊齑、海蜇、螺头齑、馎饦儿、齑面等，各有叫声。大街更有夜市卖卦：蒋星堂、玉莲相、花字青、霄三命、玉壶五星、草窗五星、沈南天五星、简堂石鼓、野庵五星、泰来星、鉴三命。中瓦子浮铺有西山神女卖卦，灌肺岭曹德明易课。又有盘街卖卦人，如心鉴及甘罗次、北算子者。更有叫"时运来时，买庄田，取老婆"卖卦者。有在新街融和坊卖卦，名"桃花三月放"者。其余桥道坊巷，亦有夜市扑卖果子糖等物，亦有卖卦人盘街叫卖，如顶盘担架卖市食，至三更不绝。冬月虽大雨雪，亦有夜市盘卖。至三更后，方有提瓶卖茶。冬闲，担架子卖茶，馓子慈茶始过。盖都人公私营干，深夜方归故也。

【作者简介】

吴自牧，生卒年不详，南宋人。宋朝灭亡后回忆并记载钱塘盛况，介绍南宋都城临安的城市风貌，并编写《梦粱录》。

【内容简介】

《梦粱录》仿孟元老《东京梦华录》,记叙南宋都城临安的繁华故迹,涉及市镇建置、郊庙宫殿、山川景物、风俗人物、市肆百工、乐部杂技等,多叙淳祐、咸淳年间事。作者亲眼看见南宋王朝由繁华兴盛到衰败没落乃至灭亡的全过程,感伤昔日的繁荣景象被兵戈战火所吞噬,富丽辉煌的宫殿苑囿变为残垣断壁的废墟,歌舞风流的都市生活彻底烟消云散。

从选文可知,到了宋朝,夜市盛况空前。南宋都城临安繁华异常。坊市合一,营业时间和营业地点都很宽松,并无限制。据说,常常是夜市未了,早市已开,间有鬼市,甚至还有跳蚤市场,真正"车如流水马如龙"。夜市上,衣帽扇帐,盆景花卉,鲜鱼猪羊,糕点蜜饯,时令果品,应有尽有。

会　计*

■〔元〕脱　脱　等

　　宋货财之制,多因于唐。自天宝以后,天下多事,户口凋耗,租税日削,法既变而用不给,故兴利者进,而征敛名额繁矣。方镇握重兵,皆留财赋自赡,其上供殊鲜。五代疆境逼蹙,藩镇益强,率令部曲主场、院,其属三司者,补大吏以临之,输额之外亦私有焉。

　　太祖周知其弊,及受命,务恢远略,修建法程,示之以渐。建隆中,牧守来朝,犹不贡奉以助军实。乾德三年,始诏诸州支度经费外,凡金帛悉送阙下,毋或占留。时藩郡有阙,稍命文臣权知所在场务,或遣京朝官廷臣监临。于是外权始削,而利归公上,条禁文簿渐为精密。诸州通判官到任,皆须躬阅账籍所列官物,吏不得售其奸。主库吏三年一易。市征、

　　*节选自王雷鸣编注:《历代食货志注释　第二册》,农业出版社1985年版,第248—251页。

地课、盐曲之类，通判官、兵马都监、县令等并亲临之。见月籍供三司，秩满较其殿最，欺隐者置于法，募告者，赏钱三十万。而小民求财报怨，诉讼烦扰，未几，除募告之禁。

先是，茶盐榷酤课额少者，募豪民主之。民多增额求利，岁更荒俭，商旅不行，至亏常课，乃籍其资产以偿。太宗始诏以开宝八年为额，既又虑其未均，乃遣使分诣诸州，同长吏裁定。凡左藏及诸库受纳诸州上供均输金银、丝帛暨他物，令监临官谨视之。欺而多取，主称、藏吏皆斩，监临官亦重置其罪。罢三司大将及军将主诸州榷课，命使臣分掌。掌务官吏亏课当罚，长吏以下分等连坐。雍熙二年，令三司勾院纠本部陷失官钱，及百千赏以十之一，至五千贯者迁其职。

淳化元年诏曰："周设司会之职，以一岁为准；汉制上计之法，以三年为期。所以详知国用之盈虚，大行群吏之诛赏，斯乃旧典，其可废乎？三司自今每岁具见管金银、钱帛、军储等簿以闻。"四年，改三司为总计司，左右大计分掌十道财赋。令京东西南北各以五十州为率，每州军岁计金银、钱、缯帛、刍粟等费，逐路关报总计司，总计司置簿，左右计使通计置裁给,余州亦如之。未几,复为三部。

宋聚兵京师,外州无留财,天下支用悉出三司,故其费浸多。太宗孜孜庶务,或亲为裁决。有司尝言油衣、帟幕损破者数万段,帝令煮之,染以杂色,制旗帜数千。调退材给窑务为薪,俾择其可用者造什物数千事。其爱民惜费类此。

【作者简介】

脱脱(1314—1356),亦作托克托、脱脱帖木儿,字大用,蒙古族蔑儿乞人,元朝末年政治家、军事家。曾主持编纂《辽史》《金史》《宋史》。

【内容简介】

《宋史》是二十四史之一,收录于《四库全书》史部正史类。《宋史》共496卷,记载从北宋建隆元年(960)到南宋祥兴二年(1279),凡320年的历史。

《宋史·食货志》记载了宋代农业、工商业发展,政府税收财政的状况,详细介绍了土地、赋税、货币制度的沿革。

本文节选的是有关会计制度及其改革措施的内容。鉴于唐末五代藩镇割据、君弱臣强、战祸连绵

名篇

会

计

的历史教训,宋太祖建立赵宋王朝后立刻采取了一系列重大措施来加强中央集权,除将军事权、司法权都收归中央独揽外,经济上也采取了强有力的措施,在财计制度、财计组织、经济法制、仓储管理等方面进行了重大改革,将财政赋税大权都归朝廷统一掌握,将总理国家财政大权、掌管贡赋收入的"三司"称"计省"。宋太宗淳化四年(993),又"改三司为总计司",管理全国财政,实行自下而上、"逐路关报"、全国统一核算的制度。这是我国会计史上的一大进步,以后朝代多有借鉴。这些改革措施,使财政大权紧紧地掌握在朝廷手中,对加强赵宋王朝的封建统治起了重大作用。

解读

南宋两浙社会经济的发展*

■ 倪士毅　方如金

商业与海外贸易

农业、手工业的发展,商品经济的活跃,必然要促进商业的繁荣、城镇的兴起、各地物产交流的频繁和海外贸易的扩大。

城市商业

南宋临安不仅是全国的政治中心,也是经济中心,是全国最大的商业城市,所谓"辇毂驻跸,衣冠纷集,民物阜蕃,尤非昔比"。马可·波罗在他的游记

　　*摘自倪士毅、方如金:《南宋两浙社会经济的发展》,载《杭州大学学报》1983年第2期。倪士毅(1919—2018),从事高校历史教学与研究达40多年,专长于宋史、浙江地方史和中国目录学史的研究,主要著作有《浙江古代史》《古代杭州》等。方如金(1938—　　),主要研究领域为宋史、浙江地方史、中国古代社会生活史,著有《陈亮与南宋浙东学派研究》《宋孝宗》等。

中说杭州是当时世界上最繁华的都市。临安大多数消费品需要外地供给，所谓"薪南粲北，舳舻相衔"。来杭的粮食大多来自苏、湖、常、秀等州和淮南、江西、湖南、两广等地。粮食以外，柴、炭、竹、木则来自严州、富阳，"聚于江下，由南门而入"。也有来自婺、衢、徽等州。蔬菜来自东门外。因此，当时有"东门菜、西门水、南门柴、北门米"的谚语。此外还有由外地来杭销售的各种干、鲜水果，明、越、温、台等州运来的海鲜水产。船舶云集、商贩往来、络绎于道的盛况，说明杭州是农副产品的集散市场，也反映国内市场已有广泛的联系，特别是两浙与各地商业交流的频繁和经济联系的加强。

临安是全国最大的城市，商业繁荣，市内拥有作坊、团行、质库、邸店、酒楼、茶坊、勾栏、瓦舍等。无论大街还是坊巷，"大小铺席，连门俱是，即无虚空之屋"。御街上买卖异常兴隆，自大内和宁门外新路南北，早间珠玉珍异，及花果时新、海鲜野味、奇器，天下所无者，悉集于此。自五间楼北至官巷南御街有很多上等金银钞引交易铺；自融和坊北至市南坊有珠子市，买卖动以万数。至于"其余坊巷市井，买卖关扑，酒楼歌馆，直至四鼓后方静；而五鼓朝马将动,其有趁卖早市者,复起开张。无论四时皆然"。各种商品都有一定集中的区域,凡同一类的商店,大都集中在一处或数处,称为"行"或"团"或"市",有名为"团"者,如花团、青果团、柑子团、鲞团;有名为"行"者,如方梳行、销金行、冠子行、鱼行、蟹行、姜行、菱行、北猪行、南猪行、菜行、鲜鱼行、布行、鸡鹅行;有名为"市"者,如药市、花市、珠子市、肉市、米市。和宁门外的花市,交易非常热闹,杨万里有诗云:"君不见内前四时有花卖,和宁门外花如海。"因为"杭城乃四方辐辏之地,即与外郡不同。所以客贩往来,旁午于道,曾无虚日"。

因南渡后越州曾作为临时首都,"最系人烟繁盛去处",被人比为秦汉时的关中。明州是当时对外贸易的重要港口。

随着商业的繁荣、经济交流的频繁,介于城市和乡村之间的镇市在两浙地区也迅速发展起来,如临安城外出现了北郭市、江涨东市、湖州市、江涨西市、半道红市、西溪市、赤山市、龙山市、安溪市、范浦镇市、汤村镇市、临平市、南土门市、北土门市等15个镇市,这些镇市"户口蕃盛,商贾买卖者十倍于昔,往来辐辏,非他郡比也"。鄞县有一镇八市,市镇商税额有数千贯至1万贯不等。

南宋初年全国号称繁盛大都市的,浙西有14个,浙东有9个,江东8个,江西、福建各4个,湖南1个,共有40个,而两浙就有23个,竟占全国的58%。可见两浙地区市镇勃兴为全国之最。有的镇市如枫桥镇还被提升为县治。说明这些地方已发展成为商业繁荣的市场,也反映了两浙人口繁殖、地方税收增加的趋势。

海外贸易

南宋政府继承北宋的传统政策,采取一系列措施,发展海外贸易。为了奖励外商来中国,凡市舶纲首能招诱舶货,使南宋增加收入的,可以补官或转官。因此,海外贸易超过北宋。当时和南宋通商贸易的有50多个国家和地区,广州、泉州、明州和杭州是对外贸易的四大港口,两浙就占了一半,所以两浙的海外贸易就更加发达。南宋一代因山东半岛被金人占领,所以和日本、高丽等国家的贸易就全部移至明州。当时,明州是国际通商的重要口岸,其中尤其与日本、高丽的贸易往来最为频繁。日本、高丽的海舶都集中在明州,而中国到日本、高丽贸易的海舶,也在明州放洋。日本、高丽输入的货物以木材、黄金、宝刀、硫黄、人参、药材为最多，其次是各种布匹、漆、铜器、虎皮、折扇、纸、墨和各种工艺品，通过明州输往全国各地。至于从明州输出的主要货物有瓷器、丝织品、腊茶、书籍、文具等。

杭州也是南宋对外贸易的四大港口之一。临安城东25里有澉浦镇，是对外贸易的商港，海面上桅樯林立，船舶云集，这些海船大多从明州、越州、温州、台州而来，或来往于日本、高丽、印度等国。澉浦镇虽只有数万人口，但已成为"通番舶之处"。当时，各种番品南货、珍异饰物、奇葩珍卉源源运至临安，番货中以香药为大宗。绍兴四年（1134），命番商之以香药至者十取其四。绍兴十七年（1147），诏以沉香、豆蔻、龙脑之属，号细香药，十取其一。香药的大量输入，对我国药物品种的增加、医药知识的扩展以及文化事业的发展（如墨中掺入一定数量的香药可以提高墨的质量，书籍可用香药防腐）也有一定的作用。

除明州、杭州外，温州的海外贸易事业也很发达，它是南宋时两浙海外贸易的港口之一。除承担打造大批战船外，粮船岁额是340只，仍居全国前列。陈傅良咏温州的诗句——"江城如在水晶宫，百粤三吴一苇通"，充分反映了温州海上交通发达的盛况。

两浙社会经济发展的原因

南宋两浙社会经济之所以出现全面繁荣和高度发展的局面,原因是多方面的,归纳起来,主要有下列几个方面:

南宋抗战派和全国军民,同仇敌忾,奋起抗金,阻止了女真贵族发动的掠夺战争,保卫了南中国的安全,使得南方有一个相对安定的局面。这种正义斗争,保卫了南方的先进生产力,使南方人民得以进行恢复生产,发展经济,重建家园。金兵自建炎三年(1129)至四年在长江中下游遭到韩世忠、岳飞、吴玠、吴璘等抗战派将领及南方广大军民的沉重打击,如金兵横行在富春江边时,被严州的民兵打败于桐庐县的牛山下,金军嚣张气焰受挫,从此不敢再过长江。金军虽然后来多次南犯,但每每遭到南方军民的阻击。特别是北方数十万武装忠义民兵的抗金活动,给了南犯的金军以沉重的打击和有力的牵制,打乱了金军的既定计划,使得他们始终只能在淮水流域骚扰而不敢向南窜犯。

同时,两浙的劳动人民虽然面对南宋统治者残酷的剥削,但是在大敌当前,为了民族的生存,忍受着阶级压迫的痛苦(虽然也发生过一些小规模的起义),在一个比较安定的环境里,仍然不辞劳苦,披荆斩棘,坚持生产劳动,发挥了创造社会财富的积极性,促进两浙社会经济的进一步发展。

宋室南渡,偏安江南,外患严重,边防不安,所辖领土不及北宋的三分之二,赋税收入也随之减少,加上对外连年用兵,军费浩繁,又要向女真贵族贡纳银绢和茶叶等大量物资,而且官僚机构冗杂,行政费用支出也很大。南宋统治者为了维持赵宋王朝的半壁江山,不得不采取一些有利于恢复和发展生产的措施,如鼓励复业,安集流散,对于流寓失业的百姓就给予钱米或拨出寺院官舍以救济贫乏等。这些措施的制定和推行的结果,使南末初年的生产条件得到了一定程度的改善,这在客观上是有利于两浙经济发展的。

南宋两浙经济的发展和人口的递增也有密切的关系,因为人口的增减,主要决定于生产力的发展或破坏。浙江自吴越以来独少战争,加上北宋末年以来北方人民不堪女真贵族的蹂躏,纷纷南迁,而当时容纳北方人口最多的地区还是长江三角洲,特别是钱塘江流域，所谓"四方之民，云集二浙，百倍常时"。北方南迁人口大量流入首都所在地的浙江，是一种很自然的趋势。这使浙江增加了大批劳动力。南渡前，徽宗崇宁元年（1102）两浙路人口数为3373441人，至南渡后的绍兴三十二年（1162）就达到4327322人，60年中增加了953881人。其中，除浙江本身增加的人口外，北方移民占很大比例，有的来自汴京，有的来自西北，而首都临安更是北人南迁的重点。当时，杭州富室多是外郡寄寓之人，所以凤凰山又名客山。此外，如湖州、越州、衢州、婺州、处州等地，也有许多北移的人口，越州就有不少来自"赵、魏、齐、鲁、秦、晋，士大夫之渡江者"。而南渡人口的最大部分自然是农民和手工业者。他们的南迁，使浙江的劳动力得到大量的补充，这些弃家破产、离乡背井来到浙江的农民和手工业者，和浙江人民共同交流生产经验，共同开发浙江，加上浙江地处东海之滨、土地肥沃、气候温暖湿润、适宜于耕作的优越的自然条件，使得南宋浙江的经济得到了迅速的发展。

总之，南宋浙江社会经济的发展是劳动人民辛勤劳动的结果，统治阶级采取的一些发展生产的措施,只有通过劳动人民的生产斗争和阶级斗争才能实现,所以南宋浙江经济的发展是浙江劳动人民和南迁的北方劳动人民共同努力的结果。但是,必须指出的是,一方面由于南宋的社会形态是封建生产关系作为社会经济形态支配形式的阶级社会,封建的生产关系在生产力向前发展的进程中,又必然起着阻碍生产力向前发展的作用。所以,南宋浙江社会经济的发展,受到了南宋封建统治阶级来自各个方面的严重破坏和种种限制,诸如官僚大地主在战争期间,利用人民流离失所、土地荒芜的机会,趁火打劫,贪婪地扩占土地,因此,大地主土地所有制获得了高度的发展,劳动人民的生活没有得到改善。所以,浙江的社会经济不可能得到高度的充分的发展。另一方面,由于时代和阶级的局限,农民和手工业工人的生产斗争又不得不受着封建生产关系的束缚和制约,而不可能突破和砸碎这种束缚和制约,因此也就不可能使浙江的经济向生产的高度和广度进军,而只能崎岖曲折地向前发展。

宋代的经济社会[*]

■ 李定一

宋承五代战乱之后，特别重视"劝农"以"尽地力"。农村设有"农师"，教导农民耕稼之法，并监督农民之勤惰，有"饮博怠于农务者"，可告之于州县治罪。宋太宗尝亲自检察汴京近郊青苗的生长情况，并告诉群臣，农民太辛苦，如果不是"兵食所资"，他真想免征租税。他曾"亲耕籍田，以劝农事"，可见其对农业的重视。"澶渊之盟"后，四方无事，农村开始繁荣，但"天下废田尚多"，朝廷乃设法鼓励流民耕种。迨生齿日繁，废田已尽，朝廷遂有开垦荒地之议，包拯即以辑抚流民屯田有功。据《宋史·食货志》所载，宋太宗时，垦田312.5万余顷（每顷百亩），宋真宗时垦田524.7万余顷，至宋神宗时，天下

　　[*] 节选自李定一：《中华史纲》，重庆出版社2019年版，第465—470页。李定一（1919—2002），字方中。著、译、编有《中华史纲》《中国近代史》《俄罗斯源流考》《世界史纲》等。

垦田已逾3000万顷,故农产品丰盛。南宋高宗即位之初,农民逃亡者众,乃"命有司招诱农民",给予赈贷或免税之优厚条件。时黄淮流域饱受金人迫害的百姓纷纷逃至江南,也对充实江南农村极有帮助。宋高宗曾谕令:"淮北之民襁负而至,亦可给田,以广招徕之意。"开垦荒地的农民,政府均不加税,故无"旷土"。

水利是发展农业的要务,两宋都很重视。开辟荒地,增加耕地,都与开沟渠有关。稼穑的两大敌人——水患与旱灾,亦可由兴水利而减轻其危害程度。有关两宋兴水利工程的记载很多。宋太宗时即发诸州戍兵1.8万人,筑堰600里于福建,引水溉田。太宗还遣派专人到各地兴水利。宋仁宗庆历四年(1044)下诏制定对官吏兴水利成绩的惩奖条例,对振兴水利、开垦田畴有功者有不次升赏,不力者从重黜罚。王安石将兴建水利工程当作急务,宋神宗为兴筑陕西渠堤,不惜动用内藏钱。南渡后,江南多水田,水利尤其重要,兴水利被视为官吏的天职,官吏对于陂塘沟泽的整理疏浚,莫不尽力而为之。总之,两宋有"民生性命在农,国家根本在农"的观念,故朝廷对水利之兴建、灾荒之赈济,均全力以赴。

农业隆兴是社会繁荣的基础,史称宋代"百姓康乐",当系事实,因为一个在饥饿线上挣扎的社会,无由创造出两宋辉煌的文化。

在农业繁荣的基础上,工商业自亦发达。宋代的工业技术已很进步,当时已可以利用水力推动安装有32个锭子的大纺纱车;指南仪器、胶泥活字印刷术、火药武器等都有长足改进。宋代的主要工业由官方经营,工人分为兵匠与工匠两大类,制造的产品种类繁多,亦可分为供应皇室日常用品与武器两大类。产品自织绣到铁甲,应有尽有。汴京皇室工厂有150余所,兵匠与工匠合计达2.3万余人,可见分工之细与规模之大。宋神宗元丰三年(1080),朝廷全年铸铜钱500余万贯(一贯为1000文),铁钱80余万贯,为唐朝极盛时代(玄宗时)的18倍,铸造技术一定大有改进。与武器及铸钱平行发展的是矿冶工业。北宋时年产银最多约30吨,铜约9000吨,铁约3750吨,以七八百年前的标准而言,产量已是惊人矣!民间工业的规模不大,但成品的质与量,都足令后世钦羡。其中以纺织品、瓷器、漆器及造纸最盛,如成都的蜀锦,景德镇的青瓷,定州的白瓷,温州、杭州的漆器,宣州的宣纸,台州的玉版纸等均负盛名。

工业兴盛,贸迁有无的需求增长,商业由是活跃。商业中心分布全国,北宋时代,今浙江、山东、河北中南部及江苏北部一带的商业最发达。今浙江及太湖一带稻、布帛、工艺产品丰盛;今山东一带出产绢绸,有海口与南方及外商如高句丽商人贸易;今河北一带因与辽通商,亦有商业中心。苏北盛产盐、茶,故贸易兴盛。广州、福州、泉州为对外贸易中心,自五代时即已如此。宋代对外贸易设有市舶使,对内各地均设有征税机关,称为"务"或"场",征收过往物品商税。宋神宗时全国有务场1850处。南宋时务场更多,其密如网,可称为"商税网"。有不及80里路程,设有务场三处者。有行20里而纳税三次者,一斗粟、一束薪都要纳税。虽然如此苛扰,但因为税率只有3%,开店铺的税率为2%,故商业仍然很发达。宋代对商人的歧视较前代为轻,不似唐代规定坊(住宅区)、市(商业区)分开,市有一定的营业时间等种种限制。宋代只要纳税,任何地区、任何时间均可设店营业,并有夜市,可营业到清晨。还有草市的兴起,即设在城郊定期的市集,后逐渐发展成为永久的市镇,人口增加到一定程度,即变成州县。唐代 10 万人以上的城市不过十余处,至宋徽宗时,此种城市全国增加到 50 多个,这与商业的兴盛有密切关系。

促进商业发达的另一主要因素是货币。宋代的货币数量多而划一,交易起来自是方便。宋真宗初年,四川出现"交子",这大约是世界上最早的纸币。因当时川陕地区有民变,政府乃停止在四川铸钱,试图阻止变乱扩大。货币减少有碍交易,所以四川殷商发行"交子",亦称"会子",以弥补货币流通之不足。宋仁宗天圣元年(1023),政府在四川设"交子务",次年发行"交子"125 万余贯,以后逐渐增加。"交子"到南宋时便很普遍,流通全国,这对贸易的扩大极为有利。奇怪的是,北宋货币虽多,似未造成通货膨胀。据专家研究,北宋一匹绢的平均价格反较唐代的低。

宋代虽对商人的歧视与营商的限制较前代为轻,但视商为"四民之贱"的传统仍然存在,士人对"工商之子,亦登仕进之途"甚不以为然。但商人用钱贿赂地方官,改变职业,或交结宦官权要,夤缘入仕。声名狼藉的商人朱勔即是例子。朱勔的父亲朱冲本微贱,为人佣工,以卖药致富。因交结蔡京,再识童贯，朱勔遂官至东南部刺史，以搜刮花石进贡宋徽宗，最终激起方腊起义。也有自身耻为贩夫，发财后延名师教导儿孙而登版籍者。一般小商人，则永为贩夫，为士所贱。

在农村富裕与工商繁荣互为表里的情形下，全国人口自亦增加。宋徽宗大观四年（1110），北宋有2000余万户，约1亿人口，较唐玄宗时增加一倍。113年后（1223），南宋有人口6000余万。南宋偏安江南，而人口超过唐的极盛时期，可见南方此时的开发程度。

南北经济发展的情况悬殊，北方必需南方运粮接济，自唐以降即如此。晚唐藩镇割据，在军阀的统治下，运河淤塞，粮运不济，有些史学家认为此乃唐朝覆亡之主要原因。后周世宗平定淮南后，立即疏浚运河，故北宋开国即可利用运河。每年由南方运到汴京的漕运米有600万石，有时达800万石，足见中原匮乏的现象已很显著。金人占据中原后，权贵豪强肆意强占良田。金人有"猛安谋克"之设置，猛安意即千夫长，谋克为百夫长，为驻屯占领区的军官名称。其所属士兵除镇压外兼屯田，故良田多为其所有，由其耕种，赡其身家，所谓"无事则耕，有事则战"是也。这些军户，不知稼穑之道，亦不耐其苦，故雇"贫民代耕，而收其租"，以供其"酒食游宴"。民不堪命，时有反抗。以金代最贤明君主金世宗（1161—1189年在位）时为例，在1167年至1183年的16年中，共有变乱十次之多，可见社会之不安定。生民痛苦，社会凋零，故人口日减。

隋文帝统一中国时，北方人口近5000万，经安史之乱至五代的战乱，北方人口锐减，后周世宗末年（959），统计人口不及1000万。南方政治较安定，孳息人口大增，与北方的情况形成鲜明对照。宋神宗元丰三年（1080），朝廷统计全国人口约3400万，南方有2300余万，北方约930余万，此时南方人口已超过北方两倍有余。至蒙古灭金（1234），仅孑存475余万人，而南宋所得人口近2000万，南北相差近四倍。人口萎缩，是社会经济衰颓的标识。

造成这种现象的原因很复杂，主要是北方战乱频仍，藩镇各自为政，辽、金不重农务，水利失修，水灾迭至，黄河已从中国文化的摇篮变成中原之大患。淮河流域本是中原富饶之区，但自宋仁宗庆历八年（1048）黄河改道，夺淮入海后（至清嘉庆时始改今道入海，历时770余年），亦泛滥成灾。大好膏土,成为溃决灾区,此为北方人口减少的主因之一。至于金人之戮杀,猛安谋克制之摧残,避祸民众之南逃,均是北方经济衰落的原因。所以到南宋中叶,南北社会经济荣衰的情况,已相差悬殊。这种趋势一直发展下来,直到20世纪东北开发后,始略呈转机,但枢纽所在,仍是水利问题。

两宋310多年的历史,国境内大体上是和平的,农业隆盛,工商业繁荣,绝大多数人享受物阜民康的生活,人与人之间熙熙和和,常为后世所钦羡。北宋之汴京,被形容为"舳舻相衔,千里不绝",此语虽略嫌夸张,但其繁荣程度可以想见。至于南宋的都城临安府(今浙江杭州),自五代吴越以来,即已成为江南文物中心,南宋定都后,更趋繁荣,据说人口已达百万之数,以至"接栋连檐,寸尺无空"。《马可·波罗游记》所描述的杭州富庶繁华的情景,可作见证,据称"世界诸城无能与比"。其他大城市如北宋时之长安、洛阳,南宋时之广州、苏州、泉州、成都等大都会,均为人所艳称不绝,海内外物产荟萃,有如"山积"。外国商人如蒲寿庚(阿拉伯人的后裔)富甲一方,且曾任南宋泉州市舶使及福建安抚使(后降元),也足见南宋海外贸易之盛。

从"农商社会"看南宋经济的时代特征*

■ 葛金芳

引论:"农商社会"之概念和南宋经济之地位

所谓"农商社会",是我对宋以降江南区域社会经济的一种近似概括。农商社会的前身,无疑是建立在自给自足自然经济之上的古代农业社会;农商社会的发展前景,当然应是现代工商社会。亦即农商社会是处在古代农业文明和现代工商业文明之间的一个历史阶段。拙见以为,宋以降江南地区的社会经济就处在农商社会这个阶段之中,而南宋则可视为农商社会的形成期。这个阶段最为重要的特征是:商品经济(亦即市场经济)的再度盛行及其

---

　　* 摘自葛金芳:《从"农商社会"看南宋经济的时代特征》,载《国际社会科学杂志(中文版)》2009年第3期。原文有改动,编者注。葛金芳(1946——　),主要研究方向为宋史、中国经济史。著有《两宋社会经济研究》《南宋手工业史》《宋代经济史讲演录》等。

对自然经济的瓦解，而这又是在农村基本的生产方式（小农经营和租佃经济）没有发生根本性变革的前提下发生的变化，于是形成"农商并重"这样一种与以往不同的世相。对于南宋社会来说，商业经济活动是如此重要，以致农业经济已经无法像汉唐时期那样独立支撑整个国民经济体系的顺畅运行，商业已然成为国民经济中不可或缺的有机构成部分。不仅越来越多的农民生计要靠种植业以外的手工业、副业和小型商业来维持，而且国家财政也无法离开诸如"和籴""和预买"等市场采购活动而正常运行。这种商业氛围比较浓烈、商品经济比较发达的情形，尤以太湖流域为中心的长江三角洲地区最为典型。

特征之一：商品性农业的成长导致农村传统经济结构发生显著变化

日渐增多的交易活动导致农村的经济结构同时在两个方面发生改变：一是小农经济由自给性向自给性和交换性相结合的方向转化，且交换性持续加强，有赶上或超过自给性的趋势，即小农从使用价值的生产者向交换价值的生产者逐步转化。二是农村经济中的非农产业得到增长，随着种茶、制糖、养蚕、缫丝以及多种土特产等新型生产项目的引进和扩展，农民经济收益表中的非农收入明显增长，此时的农业经济已是包括种植业、手工业、商业、交通运输业和其他服务业在内的有机体系，而与原先男耕女织的单一结构相区别。

史实表明，这个过程是从农产品商品化和小农的多种经营开始的。所谓"商品性农业"指的就是农业内部专为出售而生产的那些分支。除余粮出卖外，这些分支多与经济作物相关，涉及蚕桑、棉花、苎麻、茶叶、甘蔗、果树、蔬菜甚至花卉、药材和经济林木等多种门类。当这些产品的生产达到一定规模，同时在产地周围存在着必不可少的市场时，生产者的着眼点自然会从商品的使用价值转向它的交换价值。就是说，生产者不再为自身的消费而生产，而是通过把产品投入市场，换成货币，来补偿其生产成本和活劳动的消耗。在宋代，已有不少桑农、茶农、果农、蔗农、菜农从单一的粮食种植业中分离出来，开始了自己独立发展的进程。以蚕桑和茶叶为例，两浙地区约在北宋中叶发明了先进的桑树嫁接技术，引发了桑树栽培史上的一场革命，极大地推动了太湖流域蚕桑业的发展。

上述各类经济作物商品生产的扩大,肯定会促进纺织、焙茶、制糖和竹木加工等乡村手工业的发展,随之而来的市镇兴起、商业繁盛吸引着越来越多的农民从事诸如手工制造、商贩贸易和水陆运输等非农产业。南宋晚期的王柏说:"今之农与古之农异。秋成之时,百逋丛身,解偿之余,储积无几,往往负贩佣工以谋朝夕之赢者,比比皆是也。"这种情况在长江三角洲、四川盆地和福建沿海等地的许多城镇及其周围地区均有不同程度的表现,这说明农村的土地、劳力、资本等重要经济资源得到重新配置,大大地提高了当地经济增长率。也就是说,南宋以降江南农村经济开始向包括农业、手工业、商业、运输业和其他服务业在内的一个有机体系转变。这个生产体系中,"兼业"农民逐步增多,农民的非农收入已明显增长。这是传统经济结构在商品经济兴起后发生的第一个重大变化。

特征之二:江南市镇兴起、市镇网络形成,城市化进程以市镇为据点不断加速

南宋城市的繁荣和乡村市镇的兴起给中外学

者留下了极为深刻的印象。城市数量的激增和城市人口的膨胀，中古坊市制的崩溃和沿街设店的近代城市风貌之初现，以及以首都临安（今浙江杭州）、建康府（今江苏南京）和平江府（今江苏苏州）等为代表的区域中心城市的扩展和卫星城镇的崛起，就是都市化进程在南宋凯歌行进的重要表征。都市化进程的基础当然是粮食剩余率的提高和农村产业结构的改变，特别是经济作物种植面积的扩大为城镇手工业提供日益丰富的各种原料；城市手工业和商业的发展为都市化进程提供了源源不绝的活力；乡村地区大批镇市兴起，这些基层市场作为城乡产品交换的渠道，为城镇经济提供了源源不绝的粮食、商品和时时扩大的市场；另外，日趋改善和扩大的交通网络，则像血管一样，为都市化进程输送着必不可少的物质养料。

在现代工业兴起之前，"生存于农村经济上面"的市镇的全部活力来自周围农村经济。正是在江南农业高度发展的基础上，这些市镇作为新型的工商业据点，散布在广袤的乡村地区。各式工匠的手工业生产与商业贸易一道，构成了此类镇市经济的主要成分；镇市周围的农业生产（包括粮食和经济作物)和手工业生产,是市镇赖以生长的土壤;交汇于镇市的水陆交通,则是为镇市输送养料的孔道。因此,这种市镇经济既是社会分工和商品经济发达的产物,又是自给自足的自然经济体系的必要补充。其重要意义在于,乡村地区的自然经济体系通过数千墟集市镇而与以城市为基地的交换经济发生日趋广泛而又频繁的联系;与此同时,商品交换关系通过遍布各地的基层市场,更加深入而持续地侵蚀自然经济的封闭体系,从而为商品经济的进一步发展打开更为宽阔的道路。特别是江南太湖流域的市镇分布更为密集,可以说已经形成了四通八达的市镇网络。这个新型的网络体系以农产品和手工业品的集散为自己的独具功能,不仅沟通了本地区之间的商品交流,形成了具有自己特色的地方性区域市场,而且沟通了本地区与外地(如闽广、两淮以及京畿等地区)的商品交换,从而在不同程度上把当地经济纳入了全国性市场网络之中,其影响是极为深远的。如果考虑到此期间海外贸易的拉动作用,则可以认为江南区域经济确有某些外向型经济的特征。

特征之三：早期工业化进程开始启动，经济成长方式从传统的"广泛型成长"向"斯密型成长"转变

所谓早期工业化，亦称"原始工业化"，按照美国学者门德尔斯的定义，指的是"传统组织的、为市场的、主要分布在农村的工业的迅速发展"。正是在原始工业化的进程中，资本逐步增值，企业主开始成长，雇佣工人日渐增多，机械使用不断推广，市场赖以扩展，雇佣关系、包买商等惯例随之渗透到经济生活中去，预示着日后资本主义生产关系的一些重要特征开始显现出来。

正是在宋代，煤炭采掘业正式进入规模作业时代，并在冶铁、铸钱、制陶等部门中作为新型能源大显身手。在煤铁革命的推动下，宋代手工业部门获得很大发展，各种技术革新层出不穷，例如矿冶业中"灌钢法"的推广和"胆铜法"（水法冶金术）的发明，造船业中干船坞的发明和航海罗盘的广泛使用，井盐业中借用钢制"圜刃"开凿深口窄井之技术的开创，纺织业中脚踏纺车的推广和水转大纺车的创制，印刷业中活字印刷术的发明，以及兵器制造业中火药武器的发明和运用等。可以毫不夸张地

说，宋代是我国古代历史上科技成果最丰、进展速度最快、对后世影响也最大的一个时期。如果说人口的增长（北宋后期已迈上1亿台阶）、农业生产率的提高（以一年两熟的复种制和商品性农业为标志）为早期工业化提供了基础性前提，那么日新月异的科技成果则是手工业快速成长的内在动力。当然，由于早期工业化的一个本质特征是"为市场而生产"，宋代国内市场和海外市场的扩大无疑为制瓷、纺织等行业进行商品生产提供了重要助力。

以经济学眼光视之，南宋经济的成长方式也已与此前不同。传统社会的经济成长方式一般被认为是"广泛型成长"，这种经济成长方式通常只有经济总量的增长，而无劳动生产率的提高，技术进步更是慢得几乎可以忽略不计。而中世纪晚期和近代早期则出现了"斯密型成长"方式，其特点是经济总量和劳动生产率都有提高，技术亦有进步，但尚未实现技术突破。推动"斯密型成长"的主要动力来自劳动分工和生产专业化的发展，分工和专业化会明显提高劳动生产率，从而生产出更多更好的产品，这被称为"斯密型动力"。但这些产品一定要能卖掉方能实现原料和人工投入的价值替代，所以分工的扩大和专业化的发展又受市场规模大小的限制。如果某个行业的市场范围扩大，比如从区域市场扩大到区间市场，甚至国际市场，那么该行业的发展速度会明显快于其他行业。而南宋时期，恰恰由于海内外市场的扩大，与出口有关的纺织业、陶瓷业等都得到了长足的发展。若从南宋民营手工业的崛起，手工业制造重心向江浙地区的转移，手工业内部技术革新和工艺革命的诸多进展，海外贸易对手工业各部门的强力拉动，以及手工业各门类间和手工业内部劳动分工（包括地域分工）不断扩大、专业化程度不断提高等角度视之，南宋江南地区特别是在长江三角洲地区的经济确有"斯密型成长"的诸般特征。

特征之四：区域贸易、区间贸易和国际贸易扩展，市场容量增大，经济开放度提高，东南沿海发达地区由封闭向开放转变

"农商社会"的最大特征是传统农业社会中商品经济成分的快速成长。南宋农业仍是基础产业，但随着粮食剩余率的提高、煤铁革命的发生、手工业的发展、运输工具（如漕船、海船）的进步和交通

条件的改善（如道路、桥梁的修造，以及运河、长江航道和海运的开通），市场容量确有扩大，区域内和区域间的商业贸易成为江南经济增长的重要引擎，而海外贸易更是为其提供了前所未有的活力。

先看国内贸易。一般来讲，传统小农社会中最具吸引力的商业活动是以价高量轻的奢侈品和土特产为主的长途贩运性贸易，这种贸易主要为统治阶级和社会上层服务，与黎民百姓关系不大，所以其贸易总额难以有大的提升空间。但进入宋代以后，这种长途贩运性的贸易已不占主要地位，虽然它还在延续。史料表明，南宋贸易中的商品构成发生了重大变化，越来越多的日常生活资料（如粮食、布匹、茶叶和各种手工业制品等）、生产资料（如土地、耕牛、农具、煤炭、木材、船只等）进入商业流通领域，贸易性质由原来的奢侈品贩运性商业变为以居民日用品为主的规模型商业。可以说，宋代市场已在一定程度上起到优化资源配置、提高经济效率的作用。

相对于国内贸易而言，海外贸易对于江南经济形态和经济结构变迁的影响要更加显著一些。南宋海外贸易的兴盛为汉唐和北宋所不及，除北宋时期广州、杭州、明州三处市舶司以外，又在温州、秀州海盐县等七处设有市舶场（务）。此外，通（今江苏南通）、楚（今江苏淮安）、海（今江苏连云港）、越（今浙江绍兴）、台（今浙江临海）、福、漳、潮、雷（今广东雷州）、琼（今海南海口）等十多个城市也有规模不等的外贸活动，通商港口近20个。与宋朝有直接、间接贸易往来的东亚（日本、高丽）、南海（今中南半岛和菲律宾、印度尼西亚）、波斯湾以西的阿拉伯半岛及东非沿岸（如层拔，即今坦桑尼亚的桑给巴尔）的国家或地区超过60个。正是在海外贸易的拉动下，南宋东南沿海地区一个新型的、充满活力的开放型市场经济逐步崛起，这又是汉唐以来农业经济内部真正带有路标性意义的重大变化。特别是宋室南渡之后，为形势所迫，更加依赖外贸，刺桐港（即泉州）正是此时成为当时世界上的第一大港。可以毫不夸张地说，泉州是当时世界上最大最繁华的外贸港口。在迅猛发展的海外贸易的刺激下，东南地区以生产交换价值为己任的商品经济日趋繁盛，以分工和专业化生产为基础的市场机制在经济生活中发挥更大的作用，于是，原先"头枕三河、面向西北"的立国态势，一变而为"头枕东南、面向海洋"。这个转折的实质性内涵是从自然经济转向商品经济,从单一种植经济过渡到多种经营,从基本上自给自足到专业分工有所发展,从主要生产使用价值转为生产交换价值,从习俗取向变为市场取向,从封闭经济走向开放经济。当然,由于明清两朝在大部分时间奉行闭关锁国政策,江南区域经济的开放性未能得到顺畅的发展。

特征之五:纸币、商业信用、包买商和雇佣劳动等带有近代色彩的新经济因素已然出现并有所成长

前已述及,农商社会的最大特征就是原有农业社会内部商品经济成分的快速成长。正是在商业气息扑面而来的历史氛围中,一些为近代工商文明所特有的新经济因素开始出现:

第一,在交换手段上,"交子"这种世界上最早的纸币在北宋前期横空出世,并与交钞、钱引等信用票据一道充当支付手段,汉唐"钱帛兼行"的时代宣告终结,历史自此进入"钱楮并用"时代。与此同时,以白银为代表的贵金属称量货币跻身于流通领域,白银货币化进程启动。王文成认为,白银货币化从北宋神宗朝开始启动,到南宋孝宗朝初步实现。

当然,南宋白银主要在远距离贸易和批量贸易中流通,尚未遍及整个市场网络。要到明英宗正统元年(1436)明令"弛用银之禁",此后"朝野率皆用银",以白银为本位的贵金属货币体系才正式确立。

第二,商业信用逐渐发达,宋代开始以茶引、盐引、钱引、"交子"(它很快演变为信用货币)、便钱和现钱公据等为代表的大量信用票据开始登上历史舞台。而遍布于汴京、临安等大城市的各种金银交引铺,则可视为中国封建社会的证券交易所,并兼有银行的某些功能。交引市场的出现代表了一种新兴商人资本的出现。在我看来,这种"新兴商人资本",其性质颇与近代的金融资本相类。

第三,纺织、茶叶和果树种植业中,包买商身影出现,其中尤以纺织业中最为多见。郭正忠先生指出,在浙江丝织业、四川绫锦业中,存在着"收丝放贷""机户赊账""预俵丝花钱物"等惯例,包买商正是在这些惯例中生长起来的新型商人。而不少茶区商人对茶农实施的"先价后茶"之惯例,以及福建果树业中初春时节即赴各地果园"断林鬻之"的水果商人,显然亦是包买商之属性。这说明南宋包买商分布区域广泛,江西、两浙、四川、福建等地均可见到他们活动的身影。

第四,纺织、井盐和矿冶业中出现了带有近代色彩的雇佣劳动。北宋四川陵、嘉、荣等州井盐区的数万名井盐工人到南宋时大部应还存在,据神宗熙宁年间(1068—1077)陵州知州的文同调查,这成千上万的井盐工匠多数来自"他州别县",应与农业亦即土地脱离了关系,所以被称为"浮浪无根著之徒"。他们的谋生方式是"佣身赁力",靠出卖劳动力换取"工值"为生。他们如对生活待遇、劳动条件或劳资关系有不能忍受的意见,就会互相串联、集体抗议,所谓"递相扇诱、群党哗噪",掀起种种工潮。如不能满足要求,他们就会同作坊主算账,索取工钱,然后退雇另就,所谓"算索工值,偃蹇求去"。这些情况说明,他们既无生产资料,又无人身依附关系,基本上是近代意义上的"自由劳动者"。

第五,早期工业化进程在江南经济发达地区启动和推进。应当说,农商社会自身有一个慢慢成形和逐步扩展的过程。在其形成初期即宋元阶段,不免带有其前身即汉唐社会自给自足农业社会的诸多痕迹,成长中的商品经济地盘也难免稍嫌狭窄。到其中期即明中叶至清中叶的三个世纪,至少在狭义江南即长江三角洲地区,农商社会俨然成型,并沿着长江和东南沿海向内地扩展(当然,内地还有不少地方仍处在自然经济之中)。晚清到民国时期,则进入农商社会后期。此时国际形势发生巨变,经过工业革命的英、法等国用武力叩开中国国门,外国资本主义挟其机器生产之威力从沿海逐步渗入内地,江南区域经济被迫发生调整并出现分化。少数都市(例如上海、宁波、天津、武汉、广州等地)及其周围地区因机缘巧合走上工业化道路,迈进工商社会门槛;也有部分市镇或原地踏步,或趋向衰落;而广大内地农村则停滞不前,陷于刘易斯所说的"二元经济"之泥淖中苦苦挣扎。

两宋农业、手工业与商业的发展[*]

■ 齐 涛

宋代是中国古代社会经济迅猛发展时期，其农业、手工业和商业的发展水平，都大大超过唐朝，取得了引人注目的成就。

宋代农业的发展，首先表现为垦田面积不断扩大。不仅平原地带已大部垦辟，而且在山陵地区也到处是"垦山为田"，开垦了大批"梯田"。宋代农民还因地制宜，开垦了"圩田""淤田"。根据宋神宗时人口增长情况以及对宋代农户生产能力的估计，北宋时垦田可达7亿—7.5亿亩，超过汉唐时期的垦田数。其次表现在农用器具有了很大改进，其制作不但数量大、质量好，而且品种多。铁制犁铧已经多样

　　* 节选自齐涛主编：《中国史纲》，泰山出版社 2012 年版，第 199—202 页。齐涛（1961—　），山东大学历史系中国古代史专业博士学位，博士生学历。著有《魏晋隋唐乡村社会研究》《韦庄诗词笺注》等。

化，有尖头、有圆头，其他常用农具齐全配套，除草除使用弯锄外，还有形如马镫的镫锄。龙骨翻车和高转筒车更加普遍。为解决耕牛缺乏问题，宋代还创制木制踏犁。形如小木船的插秧新工具——秧马，也是宋代的创制。宋代农业在农耕技术方面也有了进一步的完善，当时不仅深耕细作，而且利用冬灌杀死害虫，利用"靠田法"，在禾苗生长过程中排干水晒田，使稻根扎深，其他在育秧、粪肥等方面，都有一套行之有效的做法，精耕细作的技术水平体系逐渐走向成熟。复种技术在宋代也得到推广，冬麦和晚稻两熟制逐步普及。随着农业生产技术的提高，农业产量也得到进一步提升，在农业生产条件较好的地区，亩产量一般已稳定在两石上下，而这是唐朝的最高产量。南宋时，以太湖流域为中心的两浙地区，亩产量达到前所未有的六七石。粮食产量的提高促进了人口的进一步增长。宋代人口一直保持增长的势头，北宋末年全国人口接近1亿，远远超过汉唐；南宋国土比北宋约少2/5，人口仍达6000万左右，与汉唐大体相当。宋代农作物品种和经济作物也有发展。一些新引进的或前代引进的品种得到推广，如抗旱力强的占城稻，新的纤维原料棉花,用于制糖的甘蔗等。蔬菜中,大白菜和萝卜取代原来的葵菜,成为民间的主要蔬菜。

宋代的手工业也取得了突出的成就。中国古代的三大发明——指南针、印刷术、火药,在宋代广泛应用于实际,获得迅速的发展。宋时将指南针广泛应用于航海,加上其他航海技术的发展,使海船的制造业达到当时世界上最先进的水平。雕版印刷业在宋代极为兴盛,全国有若干书业中心,官、民书坊很多,刻印了大量书籍。随着雕版印刷业的兴盛,纸张的需求量激增,促使造纸业迅速发展,不仅纸张的产量比前代增加很多,而且造纸技术较前代大有提高,所产纸张一般都达到薄、软、轻、韧、细的水平。此外,矿冶业、纺织业、制瓷业在宋代也有很大发展。矿冶业的发展首先表现在开采冶炼规模的扩大以及产量的增加上。当时煤、铁、铜等的开采冶炼规模都相当大,特别是用煤冶铁炼钢,提高了铁的质量,河北磁州用灌钢法冶炼出的优质钢,在当时世界上已居先进水平。纺织业中的丝织品的产量大幅度提高,棉织品所占比重有所上升。瓷器不论是在产量还是在制作技术上,都比前代有很大提高,且瓷器开始由官宦人家走向民间,为居民广泛使用。宋代私营手工业也有很大发展,在众多行业中都出现了大量私营手工业作坊。

宋代商业发展首先表现在取消了唐代抑制商业的坊市制度,城内不再划分方形之坊,市场也不再由官府设定,商业交易的时间、地点等全由商人自由选择,原来为管理市场而设立的众多市官也随之撤销。其次表现为城市的繁荣和市镇的兴起。宋代城市的数量和规模较前代都有较大幅度的扩展,城市人口大量增加,人口在 10 万户以上的大城市在北宋已达 40 多个,而唐朝时只有 10 多个。城中店铺林立,商业繁盛,许多城市不仅是政治、行政中心,而且成为地区性的经济中心,其经济影响遍及全国。在大城市发展的同时,成千上万个市镇也因商业的发达而兴盛起来,《太平寰宇记》《元丰九域志》等书都记录了大量的镇名,其地位仅次于县治。由于市镇商业的发展,政府已向市镇收取商税。此外,在城乡周围还有一些定期的集市,称墟市、集市或草市。各种生活和生产用品都在集市中买卖,成为沟通城乡经济的重要环节。有些市、墟或集因商业的发达而发展成为镇,有的镇也升为县。

宋时海外贸易也得到很大发展。971 年,北宋政府就在广州设市舶司,以后又在杭州、明州、泉州、密州等处设市舶司,南宋时又增设温州、江阴市舶务,管理和开展对外贸易。当时,在亚洲、非洲,同中国通商的有50多个国家和地区,宋代商人也泛海到20多个国家从事贸易。因此,北宋外贸税收由50万贯升到200万贯,南宋高宗末年的市舶税达200万贯。宋时与海外联系地区之广,进出口货物品种和数额之多,都远远超过前代。

宋代商业的繁荣使货币和信用关系获得空前的发展。北宋货币以铜钱为主,以铁钱为辅。除铜、铁钱外,金银也作为半流通性货币使用,但由于交换的发达,北宋尽管每年大量铸造铜、铁钱,但仍不能满足商业蓬勃发展的要求,出于各种原因,还出现了"钱荒"。在这种情况下,市场上出现了"赊"或"赊卖"的信用关系。北宋中期,在成都富商联合发行的信用交换券的基础上,官府发行了世界上最早的纸币"交子"。作为贸易媒介的纸币,在南宋时已逐渐取代铜钱,成为主要的支付手段。那时,政府发行的纸币有"交子""会子""钱引"等。由金属钱币发展到纸币,是社会经济发展的必然结果,是货币发展史上的一大进步。

宋代商业观念的变革*

■ 林文勋

毫无疑问,处于宋代那样一个历史时期,社会上占统治地位的商业观念必定是千余年来支配着人们思想的"重本抑末"观念。"夫农者,国之本""所谓末者,工商也"依然是多数人对农业和商业在社会经济中所占地位的一般概说。抑制商业发展的论调仍在左右着人们的思想。商人在社会上仍受歧视,往往被蔑称为"屠沽市贩之辈"或"市井驵侩之流"。

然而,入宋以后,随着社会生产力获得巨大发展,商品经济的发展出现了前所未有的繁荣,商业在整个社会经济结构中的比重日益上升。这样一种

　　*摘自林文勋:《宋代商业观念的变革》,载《经济问题探索》1989年第9期。原文有改动,编者注。林文勋(1966—　　),历史学博士,教授,博士研究生导师。主要研究方向为中国经济史、唐宋经济史、中国乡村社会史。代表作有《唐宋社会变革论纲》等。

"社会存在"最终还是引起了人们商业观念的变革。

表象之一：人们对商业的作用有了较深刻的认识。"重本抑末"论第一次被否定。

关于商业在整个社会经济结构中的作用和地位问题，由于制约人们的主客观因素各不相同，各自的认识深度也不一样，大体呈现几个层次。

就普遍情况来看，宋人已经认识到："行商坐贾，通货殖财，四民之益也。"宋神宗熙宁年间（1068—1077），王安石进行变法，其主要内容之一就是实行市易法。这项法令的实施严重地影响了商业的发展，受到朝野上下的非难。宰相韩琦之所以反对市易法，就是因为——在他看来——"商者，能为国致财者也"。哲宗朝的宰相司马光也有同样的看法。他说："夫农、工、商贾者，财之所自来也。农尽力，则田善收而谷有余矣。工尽巧，则器斯坚而用有余矣。商贾流通，则有无交而货有余矣。"在当时，有这种认识的人不少。由此可以看出，宋人已经认识到商业是社会经济发展中不可缺少的组成部分，与农业一样，是财富之源。不过，有这种认识的人未必完全摆脱了"农本工商末"这一思想的束缚。

比之更进一步，一部分人则完全摆脱了视商业为末业的传统观念,认为商业也是一种本业。南宋时期的陈耆卿和郑至道就是此种观点的代表。他们说:"古者四民,曰士、曰农、曰工、曰商。士勤于学业,则可以取爵禄;农勤于田亩,则可以聚稼穑;工勤于技艺,则可以易衣食;商勤于贸易,则可以积财货。此四者,皆百姓之本业,自生民以来,未有能易之者。"

最为激进的无如思想家叶适,不仅完全摆脱了视商业为末业的传统观念,而且尖锐地指出:"抑末厚本,非正论也",对"重本抑末"论进行大胆批判。"重本抑末"观念流行千余年来第一次被彻底否定。

在肯定商业作用的同时,人们还认识到:"四民之业三民备矣,而商不通,故天下之大,百年之久,民未加富,俗未加厚"。原因何在呢?原因就在于当时的社会已经是"商农相因以为生者也。商不通则物不售,物不售则贱,贱则伤农。农商不能交相养庇,四海之民于本安之时而未免流离,于水旱之际,则非所谓和万邦也"。宋人苏轼曾将这种认识概括为"商贾不行,农末皆病"八字。可见,当时已经有一部分人认识到商业发展对农业生产乃至整个社会产生的积极作用。

表象之二：主张发展商业的思想开始孕育。

既然商业是财富之源，它的发展，不但能促进农业生产的发展，而且关系着社会的安危，所以，一些人已向封建政府明确指出："夺商之谋益深，则为国之利益损"，主张发展商业。宋仁宗时期，因陕西、河东边缘地带商人稀少，导致边地军粮不足，因而范仲淹向仁宗建议："请仿行南盐客旅，入纳粮草并金银钱帛。有逐处富实之家，不为商旅者，必须以利劝之。臣请逐处劝诱入纳上件物色，一件内得数及万，除给予南盐交钞外，更与恩泽。二万贯者与上佐官，三万者京官致仕。如曾应举到省，与本科出身，除家便官。愿班行安排，或不就差遣者亦听。"姑且不论范仲淹提出这一建议的背景及它的实施问题，但可以肯定，这种以利劝诱富室从商的主张在历史上还是首次。

宋神宗时期，王安石力主市易法和均输法。其立法本意乃是"通有无，利商贾，抑兼并"，鼓励发展商业。后来，由于实施过程中出现了一系列问题，"大姓富家，昔日号为无比户者，皆为市易所破，十无一二矣"。以司马光、苏轼兄弟为首的新法反对派认为，这些法令"与商贾争利"，使"豪商大贾皆疑而不敢动"。一致主张取消这些法令，发展商业。无论变法派抑或反对派，都以发展商业为目的，可见，主张发展商业这一思想在当时已有相当深厚的基础。在这种情况下，封建政府在一定程度上改变了传统的以"驱民归农"，使商贾不行于路为圣政的观念，以"通商广财"为荣，把它极力美化为是自赵宋王朝建立就实行的"祖宗之法"。宋哲宗还曾因"商贾不行"而"引咎责躬"。他在诏命大臣议神宗皇帝庙号时，将"商贾于途"誉为神宗治理天下的德政，不再以发展商业为耻。所以，终宋一代，历朝皇帝都颁布了一系列维护商人阶级权益的诏令。正因此故，宋人陈亮说，宋政府"于文法之内，未尝折困于天下之富商巨室"。

表象之三：商人被视为与社会其他阶层平等的"齐民"。

随着人们对商业作用认识的变革，人们对商人阶级的地位也有了新的认识。南宋人黄震就认为，"国家四民，士、农、工、商"，"同是一等齐民"。人们开始客观地看待商人阶级。比如苏轼，不拘于传统观念——视商人阶级为一个靠"欺诈"致富的寄生阶级，认为商人阶级也是一个靠劳动而生的阶级，非常同情他们的处境。他说："夫商贾之事，曲折难行。其买也，先期而予钱；其卖也，后期而取直。多方相济，委曲相通。倍称之息，由此而得。"一部分有识之士已不再嫉妒商人阶级的倍称之息，他们反对政府夺商贾之利，主张国家"与商贾共利"。整个社会的情况已是"兼并之家，一岁坐收息至数万贯者。此辈除侵牟编户齐民为奢侈外，于国有何功，而享此厚奉？然人情未尝以为此辈不当享此厚奉者，习所见故也"。

表象之四：商人作为一个阶级至此取得入仕权。

禁止商人入仕是"重本抑末"的一项重要内容。时至唐代，封建政府仍然规定："工商之家不得预于士。"唐太宗对大臣房玄龄说："朕设此官，以待贤士，工商杂色之流，假令术逾侪类，止可厚给财物，必不可超授官秩。"虽然自唐中叶以降，"至富可敌至贵"，但这只表明在财富方面富人能与贵人相埒。终唐之世，商人并没有摆脱"杂色之流"的社会地位。入宋以后，商人社会地位始有提高。宋初，政府曾一度称商人为"杂类"，并禁止其参加科举考

试和做官，但不久，就放宽了法度，允许商贾中的
"奇才异行"者应举。之后，商人为官者日益普遍。至
宋徽宗大观年间（1107—1110），商贾为官者，"一州
一县无处无之"。

　　与此同时，封建政府在制定有关商人阶级利益
的经济政策时，也不得不听取商人的意见，考虑商
人的利益。宋太宗时，在盐铁使陈恕主持下，政府讨
论重新改订茶法，于是"召茶商数十人，俾各条利
害。（陈）恕阅之，第为三等"。陈恕以为"下等固灭裂
无取，上等取利太深，此可行于商贾，不可行于朝
廷。惟中等公私皆济"，于是将茶法定为三法。三法
并行，"货财流通"。这类情况在当时很多，有鉴于
此，宋人刘挚感慨："其议财也，则商贾市井屠贩之
人皆召而登政事堂。"

　　宋代，尽管商人对国家政治生活的影响不大，
但这毕竟表明，商人已作为一股社会力量参与了国
家政治生活。叶适的思想就代表了这样一种趋势。
他认为："四民未有不世。至于炱进髦士，则古人盖
曰无类，虽工商不敢绝也"，主张应给予工商者参政
的机会。

　　表象之五：商人与社会其他阶层的联系日益

普遍。

商人社会地位的提高，导致其与其他各社会阶层的差距日渐缩小，改变了以前商人不能与朝贤君子"比肩而立，同坐而食"的状况。终宋一代，商人与其他社会阶层的联系是相当密切的。其中，尤以官僚与富商交通之事最盛。这里，我们仅从婚姻关系这一方面来考察。

唐代有这样一个故事：名士柳氏家卖一婢给宿卫韩金吾家。后韩氏欲将此婢卖给一位卖绢商人为妻，婢不从命，理由是："昔曾服侍柳家郎君，岂忍服侍卖绢郎也？"地位卑贱的贱婢尚以做商人之妻为耻，官僚阶层以与商人联姻为耻则可以想见。入宋以后，人们的这一观念发生了很大变化。官僚与富商联姻之事司空见惯。宋仁宗时期，身任馆阁清贵之职的凌景阳，与酒店富户孙氏女为婚。吏部侍郎孙祖德"娶富人妻，以规有其财"。宋仁宗也受这种风气的影响，曾一度想纳寿州大茶商陈氏女为后。这件事虽由于廷臣的反对而未实现，但却真实地反映出宋代社会对商人观念的改变是何等之大。

表象之六：社会各阶层竞相经商。

面对这样的社会现实，人们开始不以经商为

耻,而将经商致富看成人生功业。比如,南宋大将刘光世曾以战国时期的大商人陶朱公自比。这样,社会各阶层都开始热衷于经营商业。当时,广大农村的人口纷纷离开农村经商,形成"贾区多于白社,力田鲜于驵侩"的局面。就连僧侣也经商致富,以致"市井坐估,多僧人为之"。士人摆脱了"学而优则仕"教条的羁束,"多服贾而不知学"。官吏经商则更为醒人怵目。宋朝开国之初。官吏还"皆以营利为耻",虽有经商之人,"莫不避人而为之"。但时至北宋中叶,官吏"纡朱怀金,专为商旅之业者有之。兴贩禁物茶、盐、香草之类,动以舟车,懋迁往来,日取富足",形成天下之官"专以商贩为急务"的状况。

　　总之,时至宋代,虽然传统的"重本抑末"观念还占据着主导地位,但社会经济尤其是商业的发展,引起了商业观念的一系列变革。这从一个侧面充分说明:宋代社会是中国封建社会历史发展的一个重要转折点。宋代商业观念的变革,不仅有力地推动了商业的发展,而且还为此后的思想解放奠定了坚实的基础。明清时期许多思想家的"农商皆本"论就是宋代商业观念变革的继续。

风物

- 「苏湖熟，天下足」
- 永丰库遗址
- 龙泉窑
- 玉山古茶场

"苏湖熟，天下足"

　　"苏湖熟，天下足"这一谚语自南宋开始流传，出处见高斯得《耻堂存稿·宁国府劝农文》等。"苏"指苏州，今江苏苏州一带，太湖以东。"湖"指湖州，今浙江吴兴一带，太湖以南。太湖流域，地势平坦，土地肥沃，小河流遍布，称"水乡泽国"。

　　自宋高宗至宋孝宗时期（1127—1189），兴修太湖地区水利，在昆山、常熟以北，开河口导湖水入江海。宋孝宗时，于太湖出口处，设置闸门调节水量。滨湖低田，高筑圩岸，以御风涛。由于水利浚通，排除了严重水灾，低田与高田尽得灌溉。加上此地农业生产技术先进，农民深耕细作，"耕无废圩（墟），刈（收割）无遗垄"，使用最新农具"连枷"脱粒，遂使苏湖一带成为南宋农业高产区，农作物一年两熟，上田亩产达五六石，故有"苏湖熟，天下足"之称。

永丰库遗址

　　永丰库遗址位于浙江省宁波市中山西路北侧唐宋子城遗址内，是宋、元、明时期大型衙署仓储遗址。永丰库前身为南宋"常平仓"（官府粮库），元朝时"收纳各项断没赃罚钞及诸色课程"，后为明朝宏济库（由平准、永丰二库并为一库）。永丰库遗址的发现是中国宋元考古的一次突破。永丰库遗址也与海上"丝绸之路"有密切联系。2001年9月和2002年3月，先后两次对其进行了抢救性发掘。永丰库遗址规模较大，南北长120米，东西宽80米，总建筑面积9600平方米。遗址以两处单体建筑基址为核心，遗存有与之相关的砖砌甬道、庭院、排水明沟、水井、河道等众多遗迹，出土可复原各类文物800余件，为确认宁波为我国元代第二大对外贸易港口城市在考古学上提供了重要实据。该遗址于2003年4月被国家文物局列入"2002年度中国十大考古新发现"。

龙泉窑

龙泉窑是中国历史上的一个名窑,是宋代六大窑系之一,因其主要产区在龙泉市而得名。南宋初年,北方大批窑工"随驾南来",纷纷涌入浙江。这批人中有相当一部分人落户龙泉,重操旧业,他们把北方的制瓷技术融合到龙泉青瓷的制作上;加上南宋官窑对龙泉窑的影响,使龙泉窑产品技艺大进,质量不断提高。龙泉窑生产瓷器的历史长达1600多年,是中国制瓷历史最长的一个瓷窑系,它的产品畅销于亚洲、非洲、欧洲的许多国家和地区,影响十分深远。

南宋龙泉窑可分为前期和中晚期两个阶段。前期正是南宋政局动乱期。龙泉窑除了生产一些日用器皿及明器,供当地民间使用外,一如北宋时期。南宋中晚期,是龙泉青瓷发展的鼎盛时期,此时瓯窑、越窑、婺州窑因资源枯竭等相继衰落。而地处浙西南山区的龙泉有着丰富的瓷土和燃料,为发展瓷业生产提供了得天独厚的条件。南宋政府为了增加财政收入，鼓励对外贸易，使龙泉青瓷生产得到了前所未有的大发展。据考古发掘证明，当时的龙泉及毗邻地区，窑厂遍布，除龙泉大窑、金村、溪口、安福等外，庆元县的上垟，云和县的梓坊、水碓坑，遂昌县的湖山，缙云县的大溪滩、碗窑山，以及泰顺、文成、永嘉，形成了一个庞大的瓷窑体系。

风
物
■
龙
泉
窑

玉山古茶场

玉山古茶场位于浙江省磐安县玉山镇马塘村茶场山下。据传,晋时玉山茶农过着"半年种茶,半年挑盐,无米过年"的困苦生活,若遇一年代,发生天灾兵祸,茶叶销路受阻,生活就更加艰辛。有许逊者,以传播道教文化游历于此,喝到当地醇香的山茶而流连忘返,他见茶树遍布山野,茶农为茶叶堆积成山,卖不出去而愁容满面,就住了下来,为茶农解决困惑。他与茶农座谈,研究改进加工工艺,制成"婺州东白",接着派道徒带上"婺州东白"四出施茶,送各个道观品茶,得到一致好评。从此,四方茶商纷纷前来收购,玉山古茶场"婺州东白"畅销各地。"茶圣"陆羽所著《茶经》云:"产茶者十三省四十二州,婺州东白者为名茶,大盘山、东白山产者佳,列为贡品。"宋时,玉山茶农为纪念许逊的功绩,尊称许逊为"真君大帝",在茶场山之麓建造茶场庙,塑像朝拜,并在茶场庙附近设置茶场。从此,玉山古茶场成为榷茶之地,历代设官监之。

现存的玉山古茶场始建于宋、重修于清,被文物专家称为"中国茶文化的活化石""国内现存最早的茶叶交易市场"。现存建筑为清乾隆年间集资修建,分为茶场庙、茶场管理用房、茶场三大部分,建筑面积1559.57平方米。

风物 · 玉山古茶场

后　记

　　《"三读"丛书·开卷有益》由中共浙江省委宣传部组织编撰，理论处具体负责。书中疏漏不足之处，敬请提出批评意见。

编　者
2021年12月

敬　启

　　为了编好这套《"三读"丛书·开卷有益》，编者遴选了不少专家学者和作家的精彩文章。图书出版前，浙江人民出版社积极与作者联系，并得到了他们的热情支持。在此，我们表示衷心的感谢！但由于条件所限，还有少数作者无法取得联系。现丛书已出版，凡拥有著作权的作者一经在书中发现自己的作品，即请联系我们。我们已将录用作品的稿酬保存起来，随时恭候各位作者来领取。

通信地址：浙江省杭州市体育场路347号
　　　　　浙江人民出版社总编室
邮政编码：310006
联系电话：(0571)85102830

浙江人民出版社

图书在版编目（CIP）数据

开卷有益. 宋韵文化之经济 / 中共浙江省委宣传部
编. —杭州：浙江人民出版社，2021.12
（"三读"丛书）
ISBN 978-7-213-10063-5

Ⅰ. ①开… Ⅱ. ①中… Ⅲ. ①干部教育-中国-学
习参考资料②经济史-研究-中国-宋代 Ⅳ. ①D630.3②
F129.44

中国版本图书馆CIP数据核字(2021)第259375号

"三读"丛书

开卷有益·宋韵文化之经济

中共浙江省委宣传部　编

出版发行：浙江人民出版社（杭州市体育场路347号　邮编　310006）
　　　　　市场部电话：(0571)85061682　85176516
责任编辑：张苗群
责任校对：王欢燕
责任印务：陈　峰
封面设计：厉　琳
电脑制版：杭州天一图文制作有限公司
印　　刷：杭州杭新印务有限公司
开　　本：787毫米×1092毫米　1/32　　印　　张：3.625
字　　数：48千字　　　　　　　　　　　插　　页：2
版　　次：2021年12月第1版　　　　　　印　　次：2021年12月第1次印刷
书　　号：ISBN 978-7-213-10063-5
定　　价：12.50元